¡Laberintos a Montones!

David E. McAdams

Copyright 2025 Life is a Story Problem LLC. Todos los derechos reservados. Ninguna parte de este libro puede copiarse, almacenarse ni transmitirse por ningún medio sin el consentimiento expreso y por escrito del titular de los derechos.

Tabla de contenido

Cómo resolver un laberinto: una guía práctica...1
    1. Regla de seguir la pared (mano derecha o mano izquierda).............................1
    2. Mira por adelantado y planea...1
    3. Trabaja desde la salida hacia el inicio..1
    4. Usa lápiz suavemente (para laberintos en papel)..2
    5. Deja "migas de pan" (laberintos físicos)..2
    6. Relleno de callejones sin salida (enfoque algorítmico)....................................2
    7. Haz un mapa (para laberintos complejos)..3
    Consejos extra...3
Laberintos cuadrados fáciles 9×12...4
Laberintos cuadrados fáciles 12×15...9
Laberintos cuadrados medianos 12×15..14
Laberintos cuadrados medianos 20×24..19
Laberintos cuadrados difíciles 20×24...24
Laberintos cuadrados difíciles 30×37...29
Laberintos triangulares fáciles 9×12..34
Laberintos triangulares fáciles 12×15..39
Laberintos triangulares medianos 12×15...44
Laberintos triangulares medianos 20×24...49
Laberintos triangulares difíciles 20×24...54
Laberintos triangulares difíciles 30×37...59
Laberintos hexagonales fáciles 12×19...64
Laberintos hexagonales fáciles 15×23...69
Laberintos hexagonales medianos 15×23..74
Laberintos hexagonales medianos 24×39..79
Laberintos hexagonales difíciles 24×39..84
Laberintos hexagonales difíciles 37×59..89
Laberintos de rombo fáciles 9×12..94
Laberintos de rombo fáciles 12×15..99
Laberintos de rombo medianos 12×15..104
Laberintos de rombo medianos 20×24..109
Laberintos de rombo difíciles 20×24...114
Laberintos de rombo difíciles 30×37...119
Laberintos cuadrado romo fáciles 9×12..124
Laberintos cuadrado romo fáciles 12×15..129
Laberintos cuadrado romo medianos 12×15...134
Laberintos cuadrado romo medianos 20×24...139
Laberintos cuadrado romo difíciles 20×24...144
Laberintos cuadrado romo difíciles 30×37...149

Laberintos cuadrado romo 2 fáciles 9×12..154
Laberintos de El Cairo fáciles 9×12..159
Laberintos de El Cairo fáciles 12×15..164
Laberintos de El Cairo fáciles 13×16..169
Laberintos de El Cairo medianos 13×15..174
Laberintos de El Cairo medianos 20×24..179
Laberintos de El Cairo difíciles 20×24..184
Laberintos de El Cairo difíciles 30×37..189
Laberintos circulares difíciles 20×20..194
Laberintos circulares difíciles 25×25..199
Laberintos circulares difíciles 30×30..204
Laberintos circulares difíciles 35×35..209
Laberintos cuadrado-triangular fáciles 9×12...215
Laberintos cuadrado-triangular fáciles 12×15...220
Laberintos cuadrado-triangular medianos 12×15..225
Laberintos cuadrado-triangular medianos 20×24..230
Laberintos cuadrado-triangular difíciles 20×24..235
Laberintos cuadrado-triangular difíciles 30×37..240
Soluciones...245

Cómo resolver un laberinto: una guía práctica

Los laberintos son rompecabezas hechos de caminos y callejones sin salida. Ya sea en papel, en un laberinto de setos o en uno digital, la meta es la misma: encontrar la ruta de la entrada a la salida. Aquí tienes varias estrategias eficaces:

1. Regla de seguir la pared (mano derecha o mano izquierda)

Cómo funciona:

- Coloca una mano (derecha o izquierda) sobre una pared en la entrada.
- Mantén esa mano en contacto con la pared mientras avanzas.
- Sigue continuamente la pared, girando cuando lo haga.

Cuándo usarla:

- Funciona mejor en laberintos simplemente conexos (sin secciones aisladas).
- Puede fallar en laberintos con "islas" o paredes flotantes (secciones no conectadas a las paredes exteriores).

Pros: Fácil de aplicar; no requiere memoria ni mapa.

Contras: Puede tomar mucho tiempo si el camino correcto está lejos de la pared exterior.

2. Mira por adelantado y planea

Cómo funciona:

- Antes de moverte, observa más adelante para detectar callejones sin salida o rutas más cortas.
- Usa pistas visuales para anticipar qué caminos se cierran o continúan.

Cuándo usarla:

- Útil en laberintos en papel o con buena visibilidad.

Pros: Evita retrocesos y acelera el progreso.

Contras: Requiere observación cuidadosa y a veces prueba y error.

3. Trabaja desde la salida hacia el inicio

Cómo funciona:

- Empieza en la salida y traza el camino hacia atrás hasta el inicio.
- Esto puede facilitar identificar la ruta correcta.

Cuándo usarla:

- Solo posible si puedes ver el laberinto completo.

Pros: A veces del lado de la salida hay menos opciones, lo que facilita el trazo.

Contras: No siempre es posible o permitido en laberintos físicos.

4. Usa lápiz suavemente (para laberintos en papel)

Cómo funciona:
- Traza tu ruta con un lápiz suave para poder borrar los errores.
- Marca los callejones sin salida para no regresar a ellos.

Cuándo usarla:
- Ideal para laberintos impresos o dibujados.

Pros: Ayuda a llevar registro de caminos explorados.

Contras: Requiere paciencia y enfoque.

5. Deja "migas de pan" (laberintos físicos)

Cómo funciona:
- Deja un pequeño marcador (como una moneda o piedra) en los cruces.
- Señala los caminos ya probados para evitar dar vueltas en círculos.

Cuándo usarla:
- Para experiencias reales, como laberintos de maíz o cuartos de escape.

Pros: Evita repeticiones innecesarias.

Contras: No siempre está permitido o es posible.

6. Relleno de callejones sin salida (enfoque algorítmico)

Cómo funciona:
- Identifica y marca todos los callejones sin salida.
- Retrocede eliminando las rutas que no llevan a ninguna parte.

Cuándo usarla:
- En papel o digital cuando puedes ver todo el plano.

Pros: Garantiza aislar el camino correcto.

Contras: Puede ser tardado en laberintos grandes.

7. Haz un mapa (para laberintos complejos)

Cómo funciona:

- Dibuja un mapa de los caminos que ya exploraste.
- Marca ramificaciones, bucles y cruces.

Cuándo usarla:

- En laberintos complejos con muchos bucles o cuando resuelves por partes.

Pros: Crea un registro; muy efectiva.

Contras: Requiere tiempo y esfuerzo.

Consejos extra

- Mantén la calma: perderse es parte de la experiencia.
- Usa puntos de referencia: en laberintos reales, busca rasgos únicos.
- Lleva cuenta de tus decisiones: apunta mental o físicamente giros a la izquierda/derecha.
- Ten clara la meta: ¿es llegar al centro, a una salida o a un objeto escondido?

Laberintos cuadrados fáciles 9×12

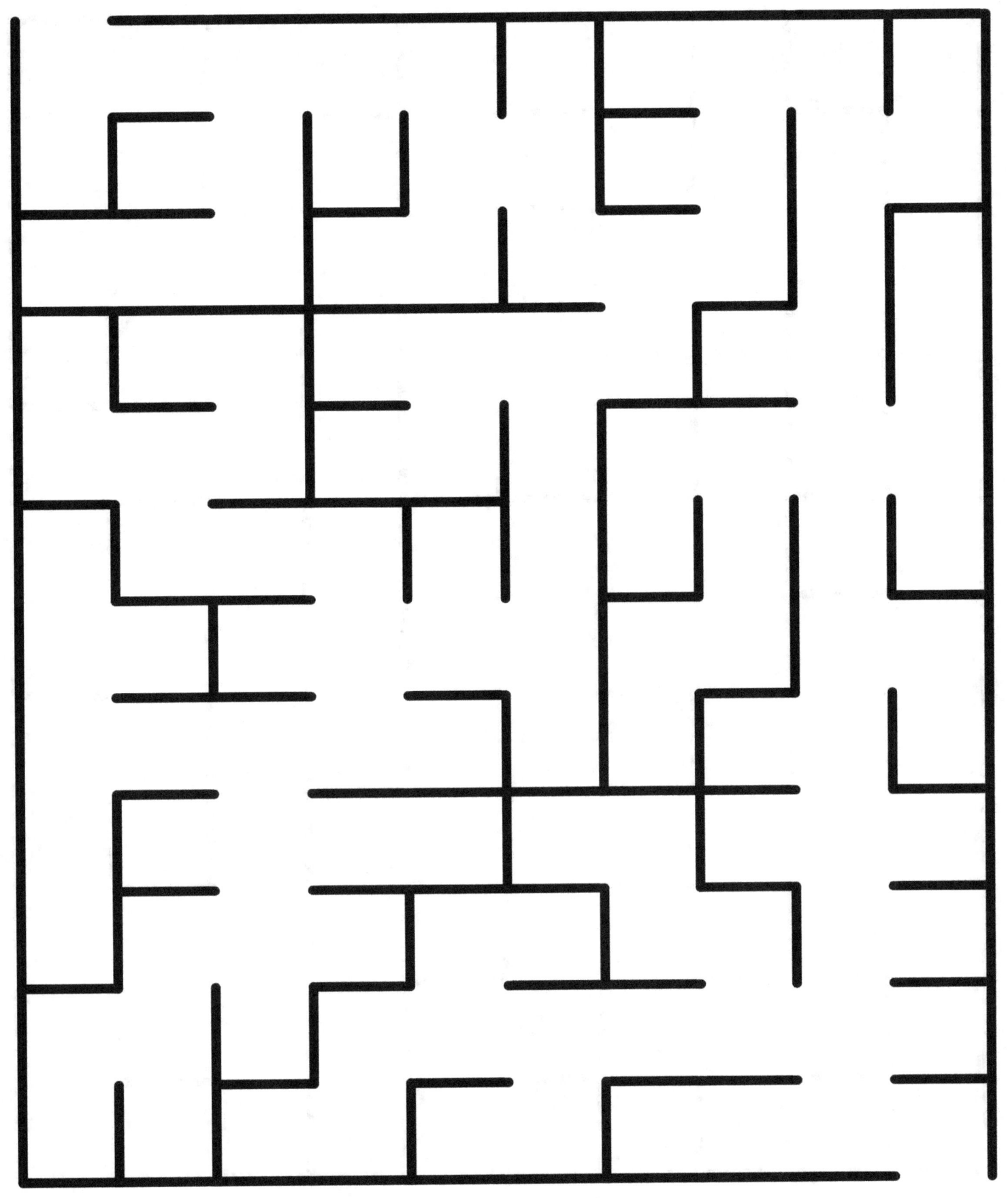

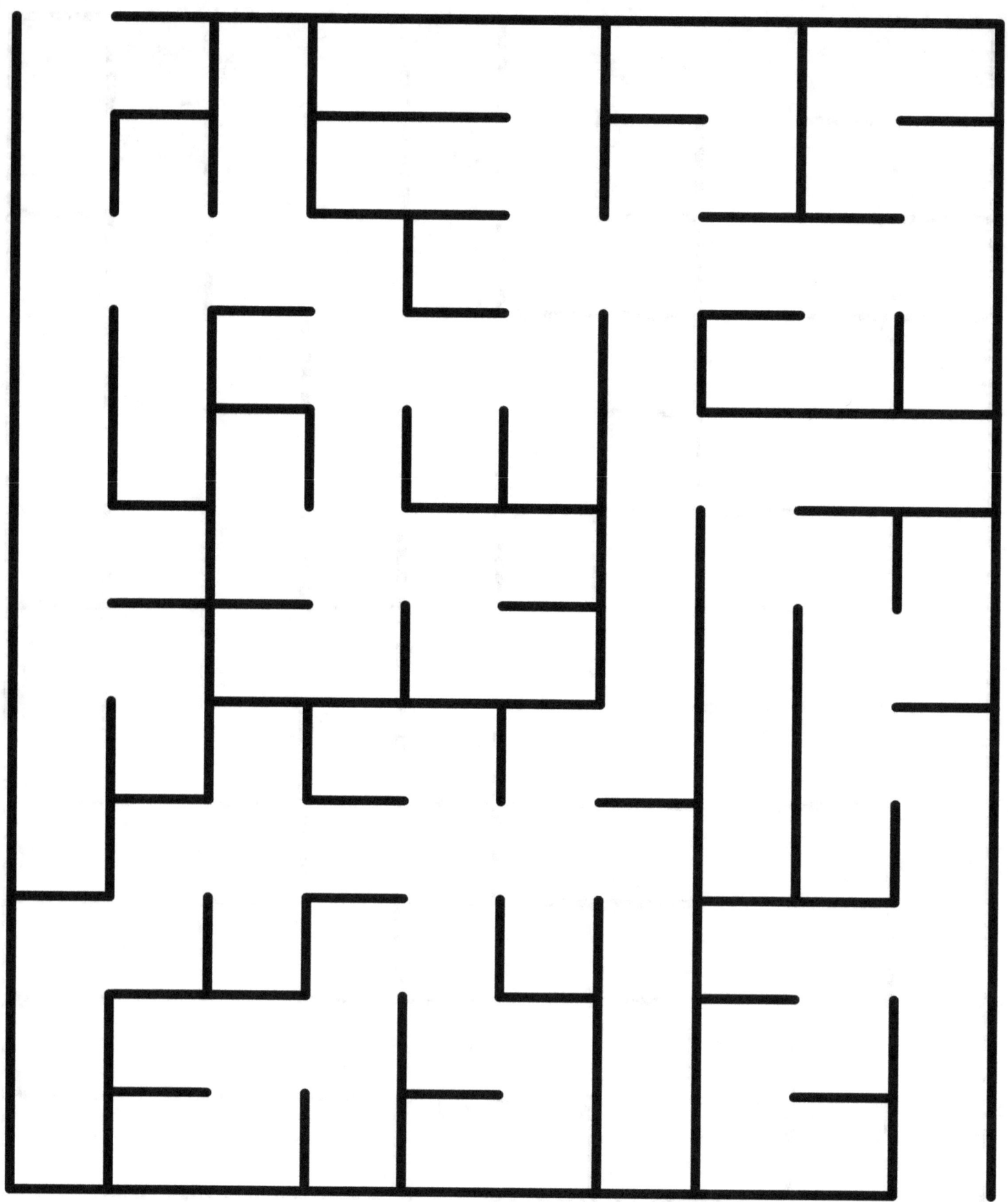

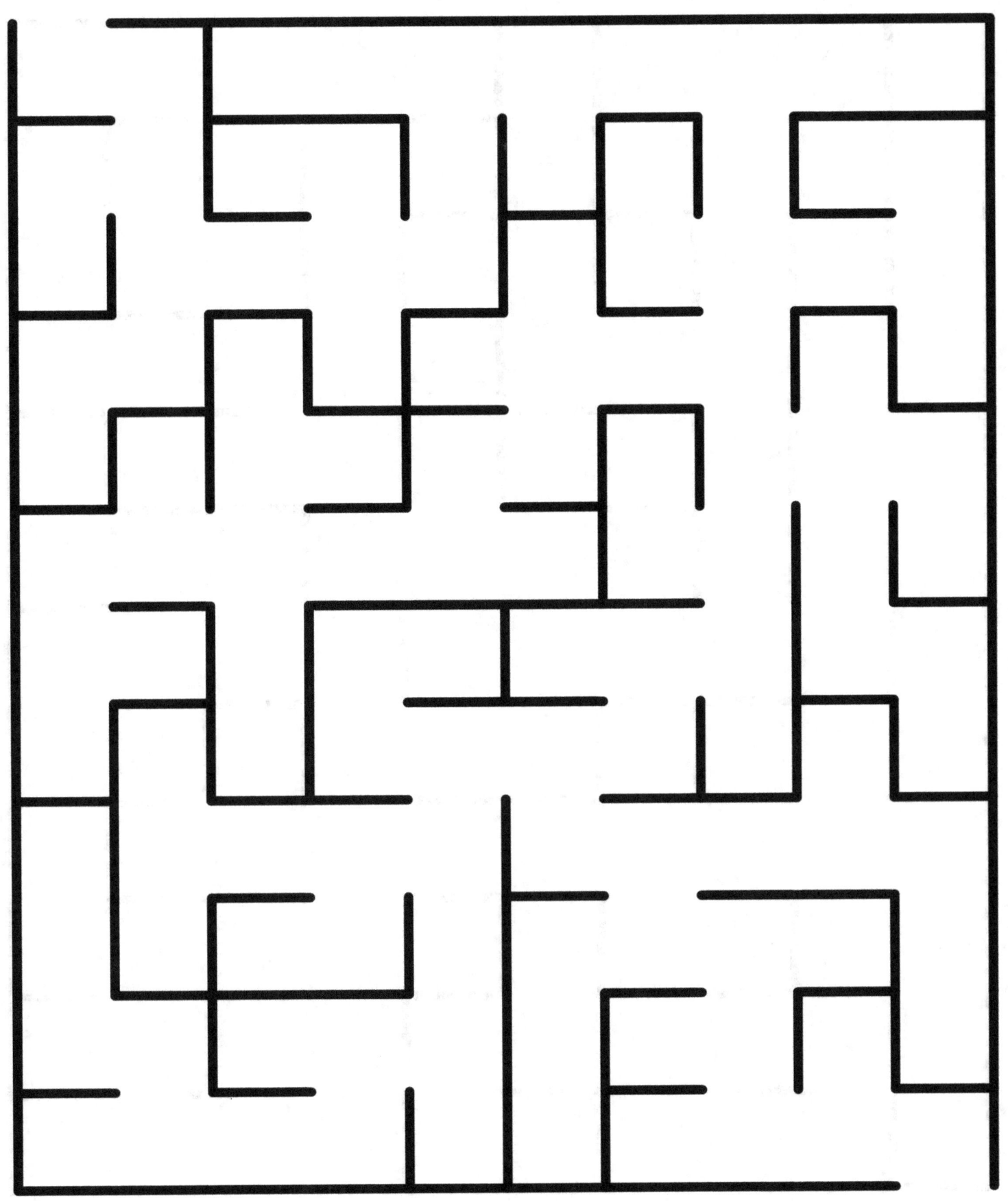

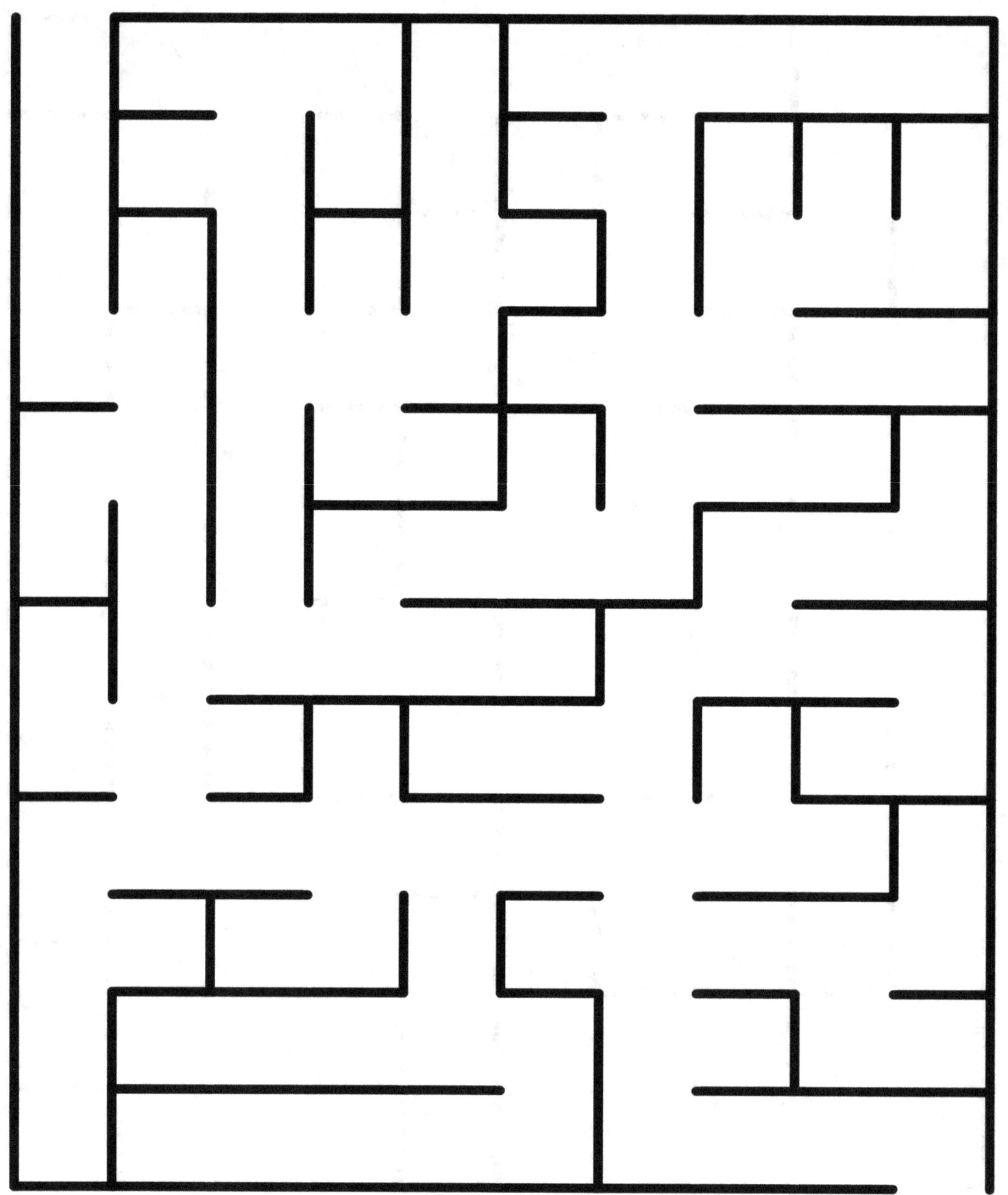

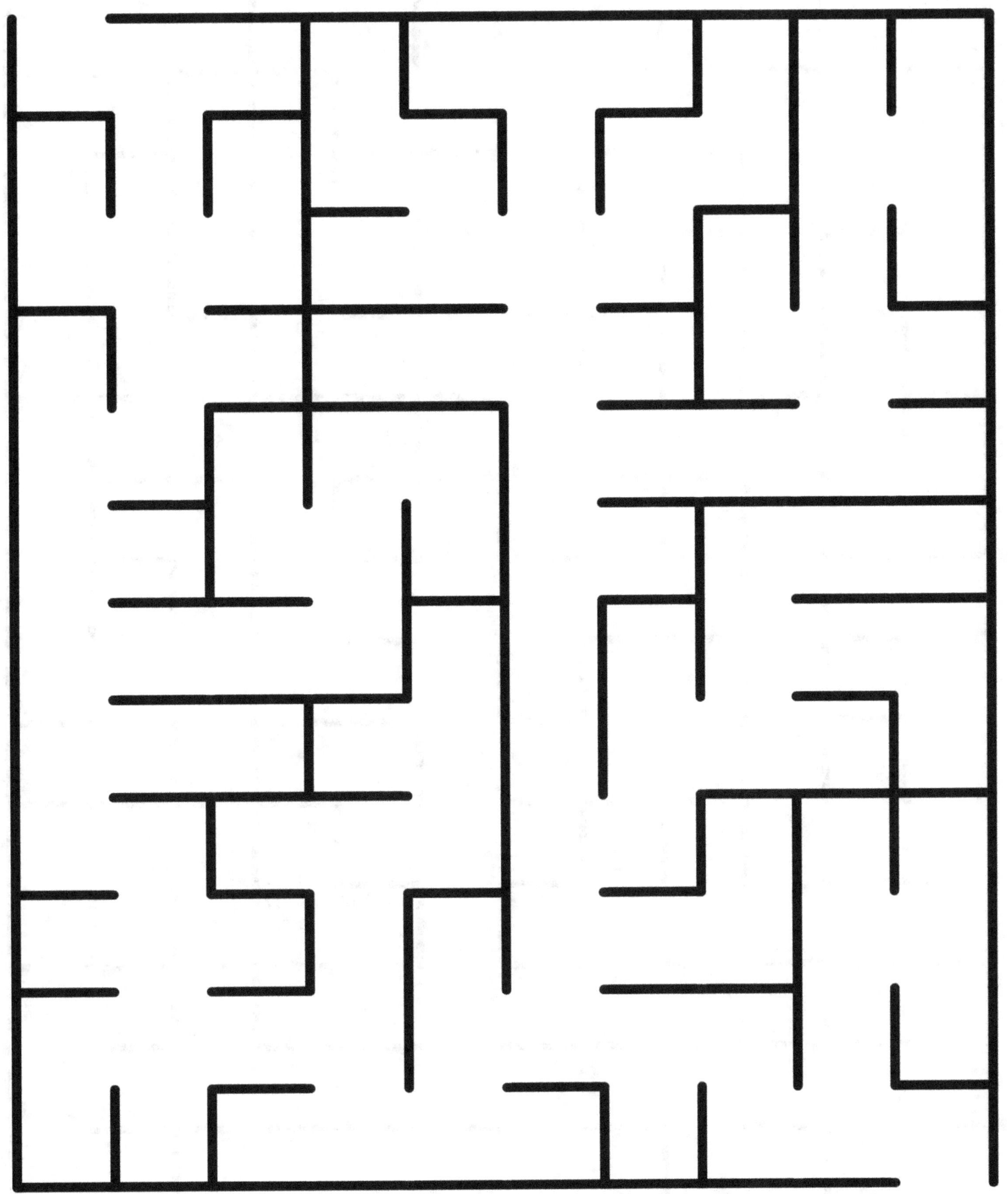

Laberintos cuadrados fáciles 12×15

Laberintos cuadrados medianos 12×15

¡Laberintos a Montones!

Laberintos cuadrados medianos 20×24

Laberintos cuadrados difíciles 20×24

Laberintos cuadrados difíciles 30×37

Laberintos triangulares fáciles 9×12

Laberintos triangulares fáciles 12×15

Laberintos triangulares medianos 12×15

Laberintos triangulares medianos 20×24

Laberintos triangulares difíciles 20×24

¡Laberintos a Montones!

Laberintos triangulares difíciles 30×37

Laberintos hexagonales fáciles 12×19

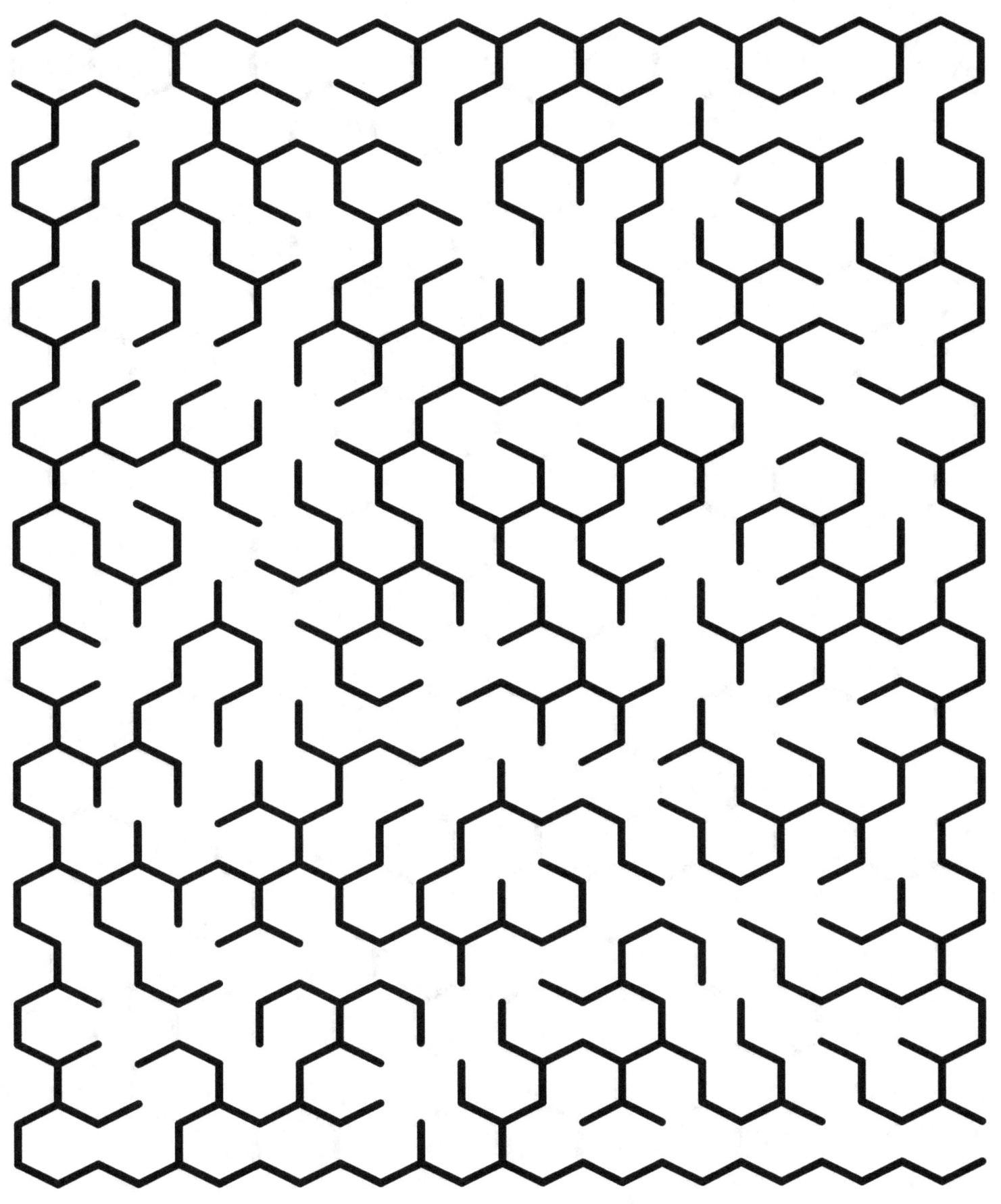

Laberintos hexagonales fáciles 15×23

Laberintos hexagonales medianos 15×23

Laberintos hexagonales medianos 24×39

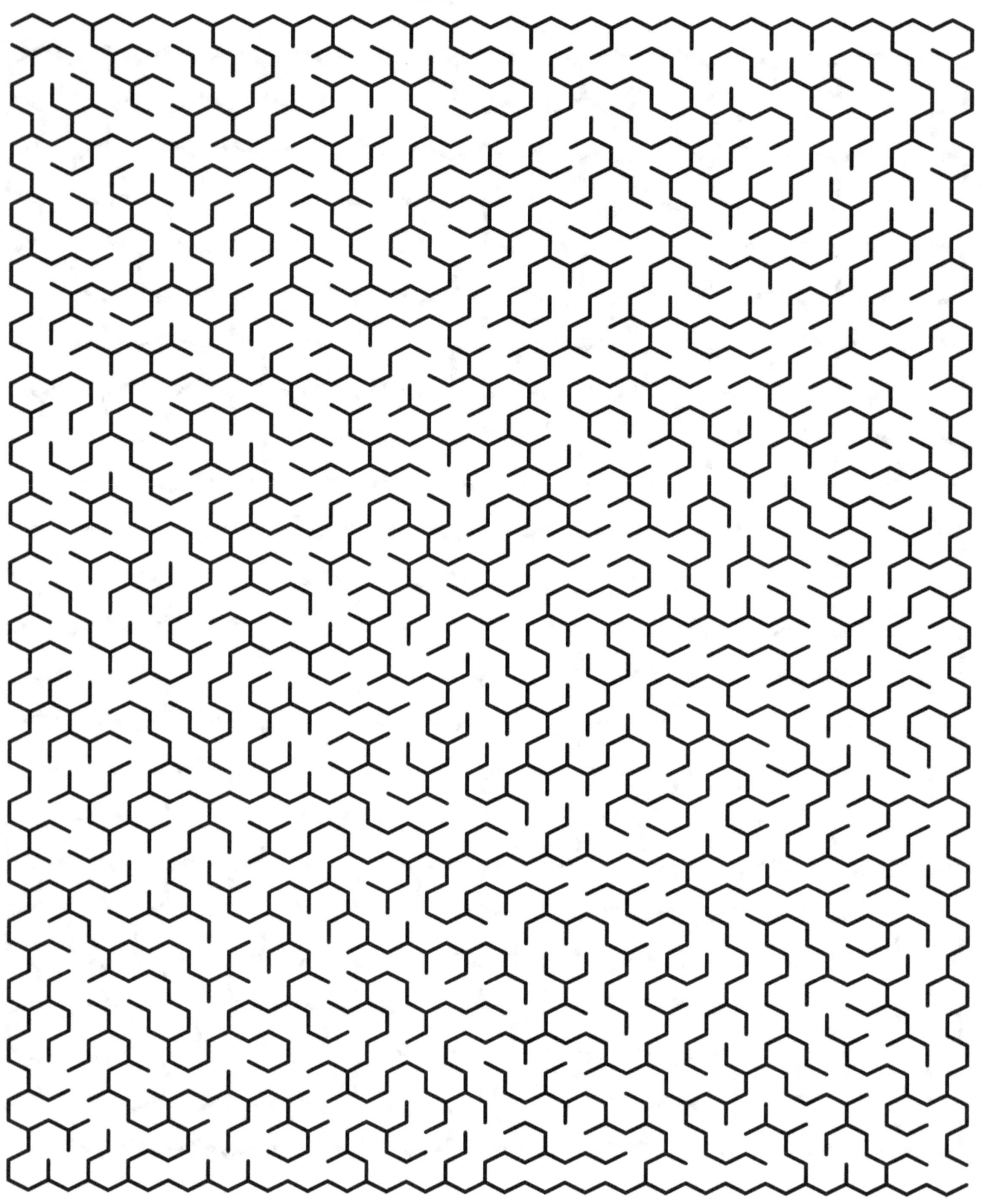

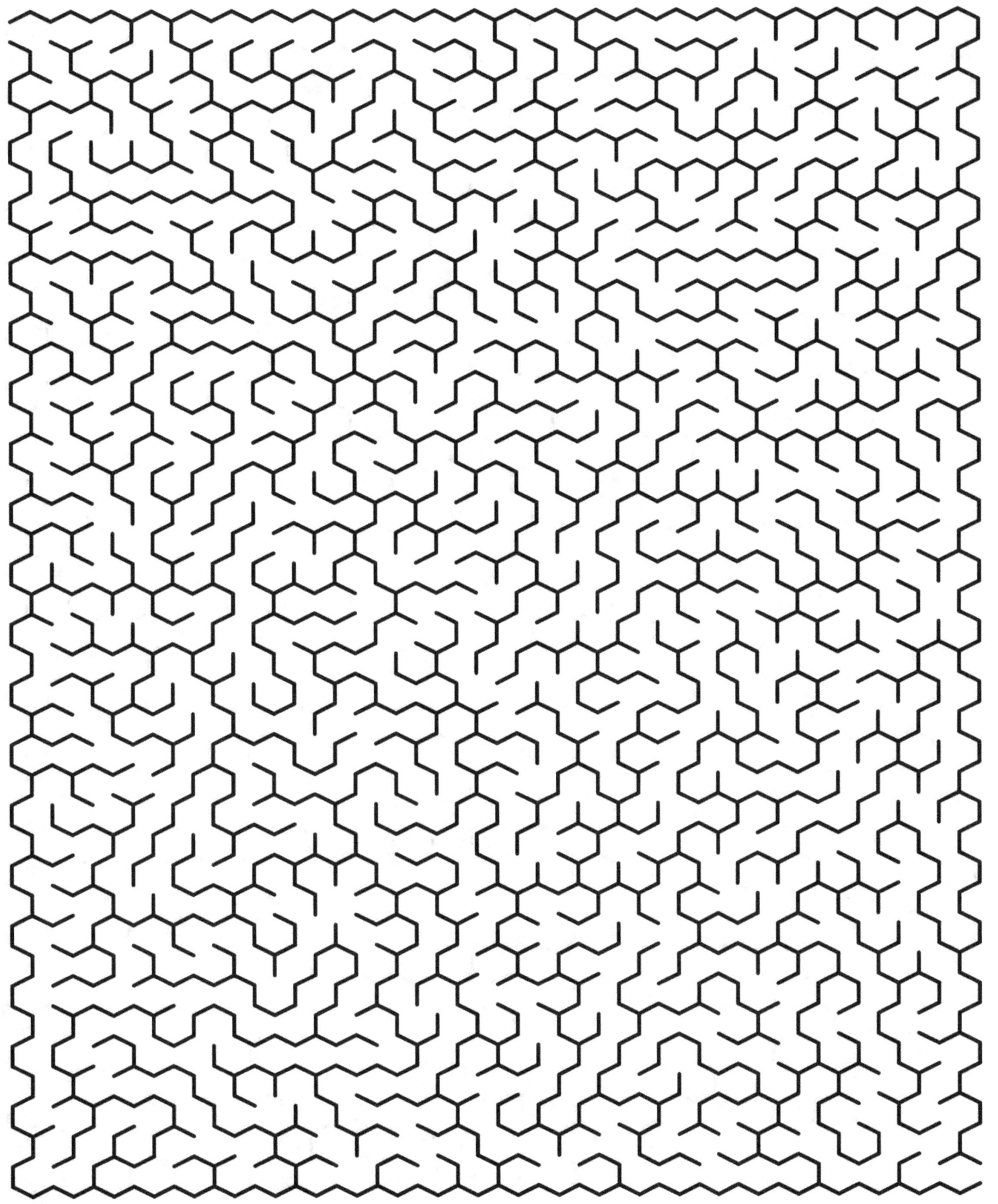

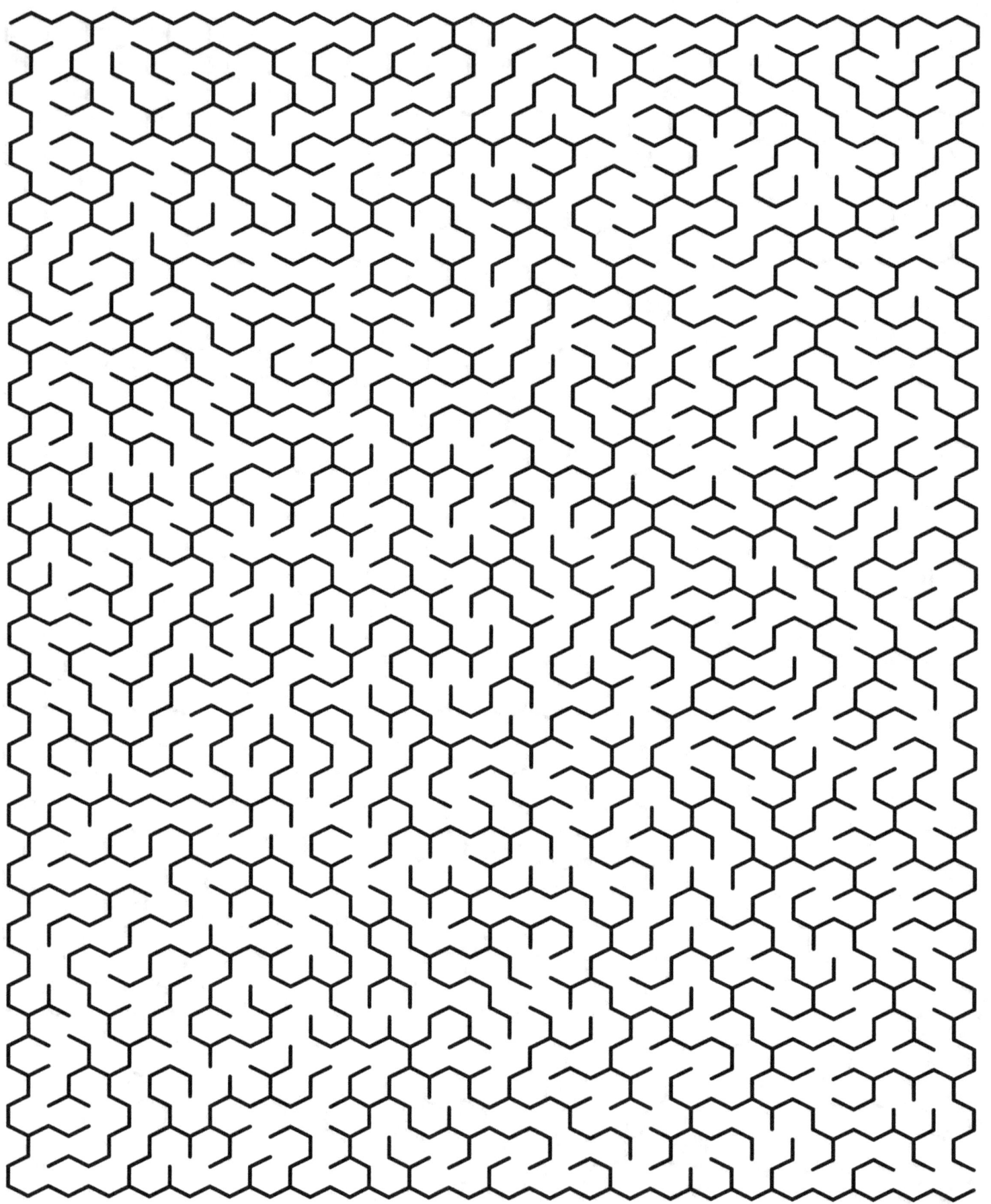

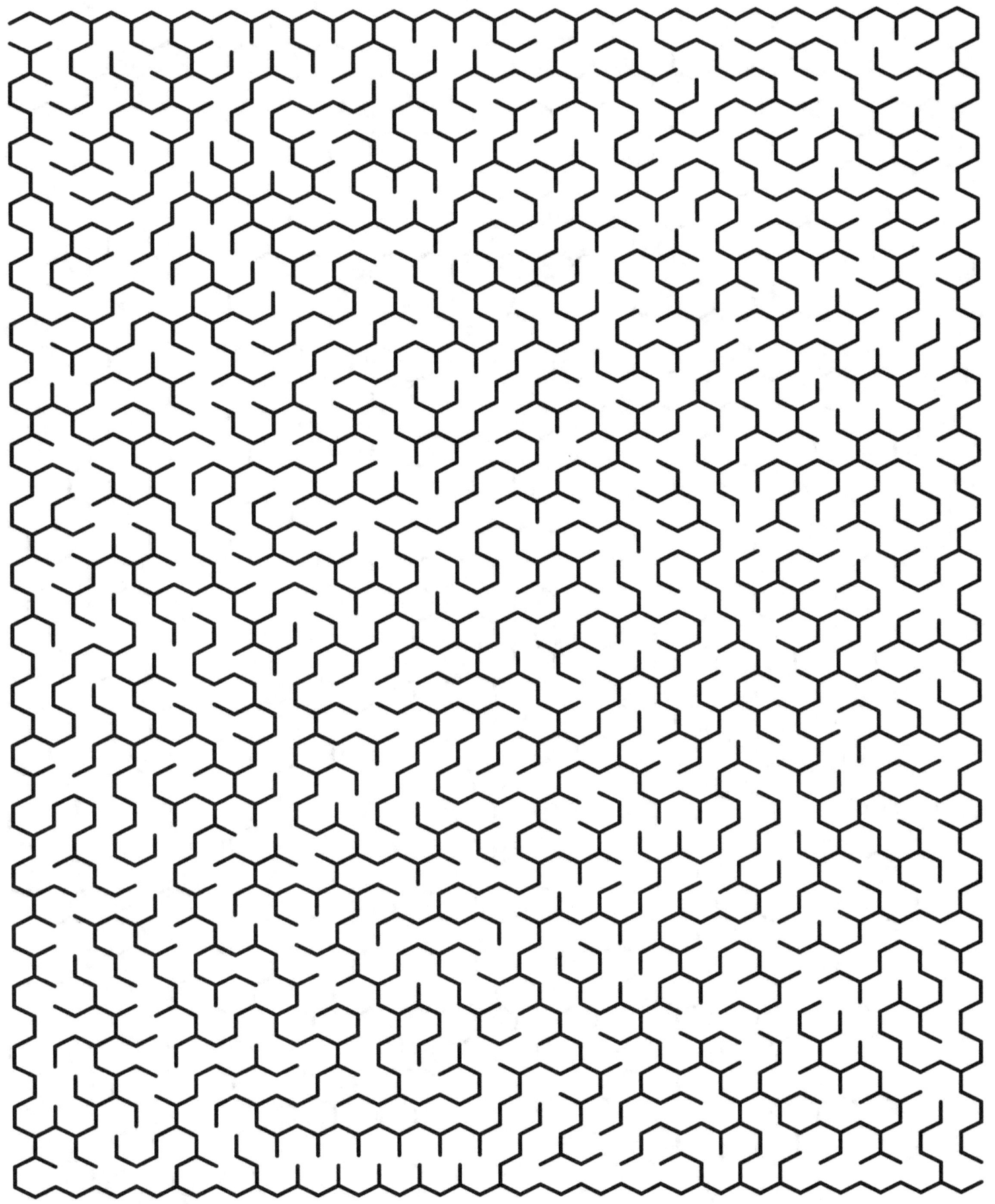

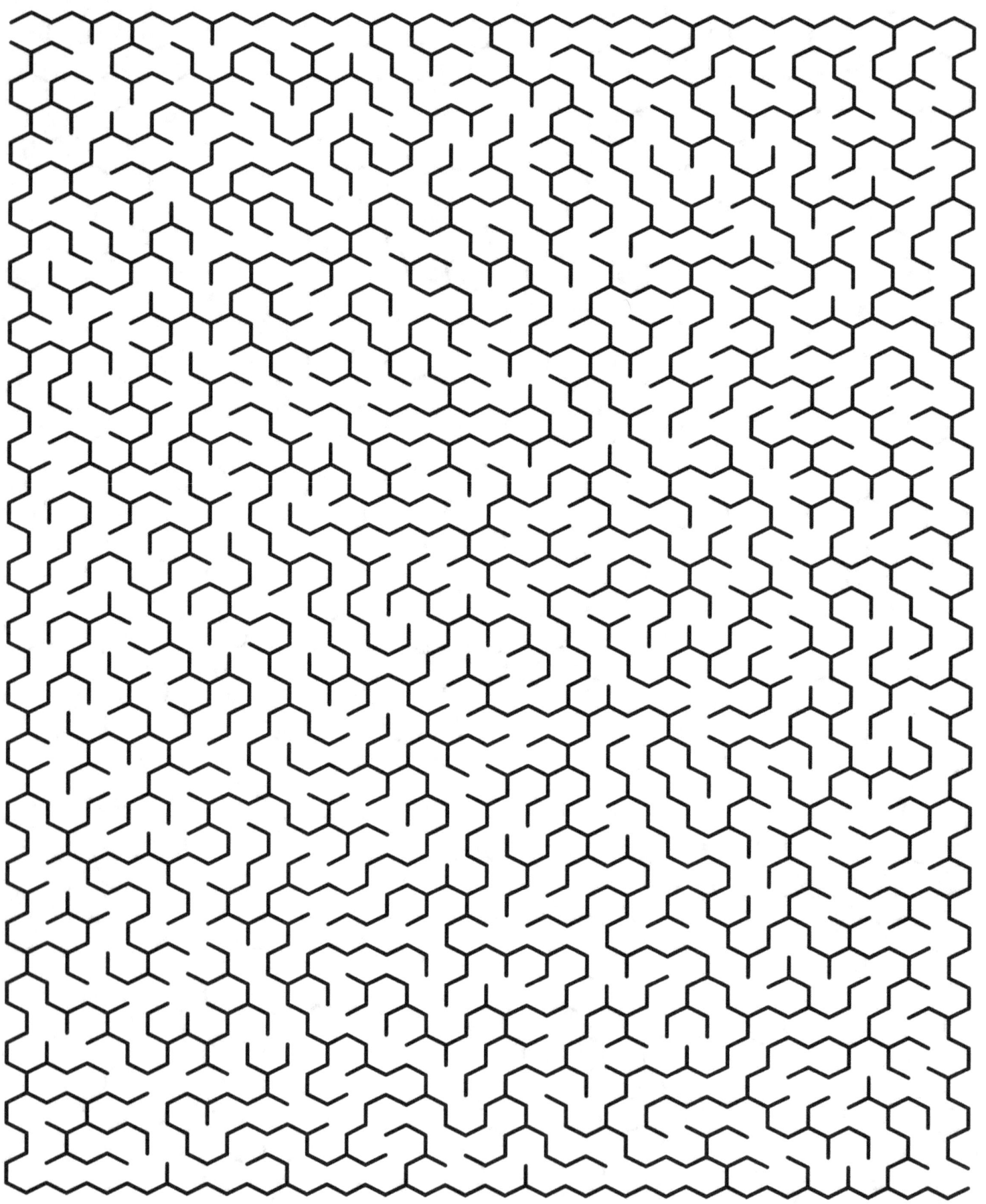

Laberintos hexagonales difíciles 24×39

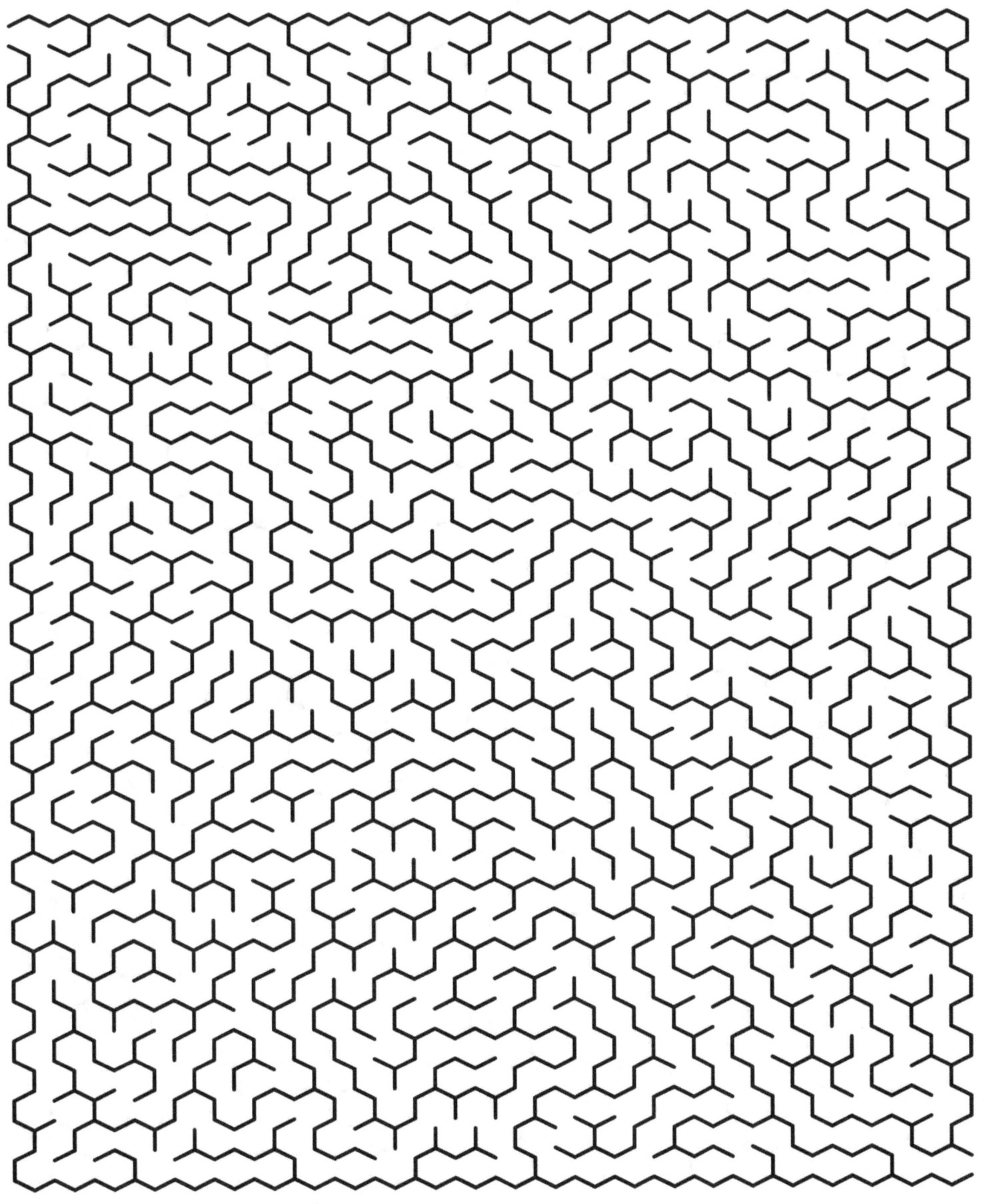

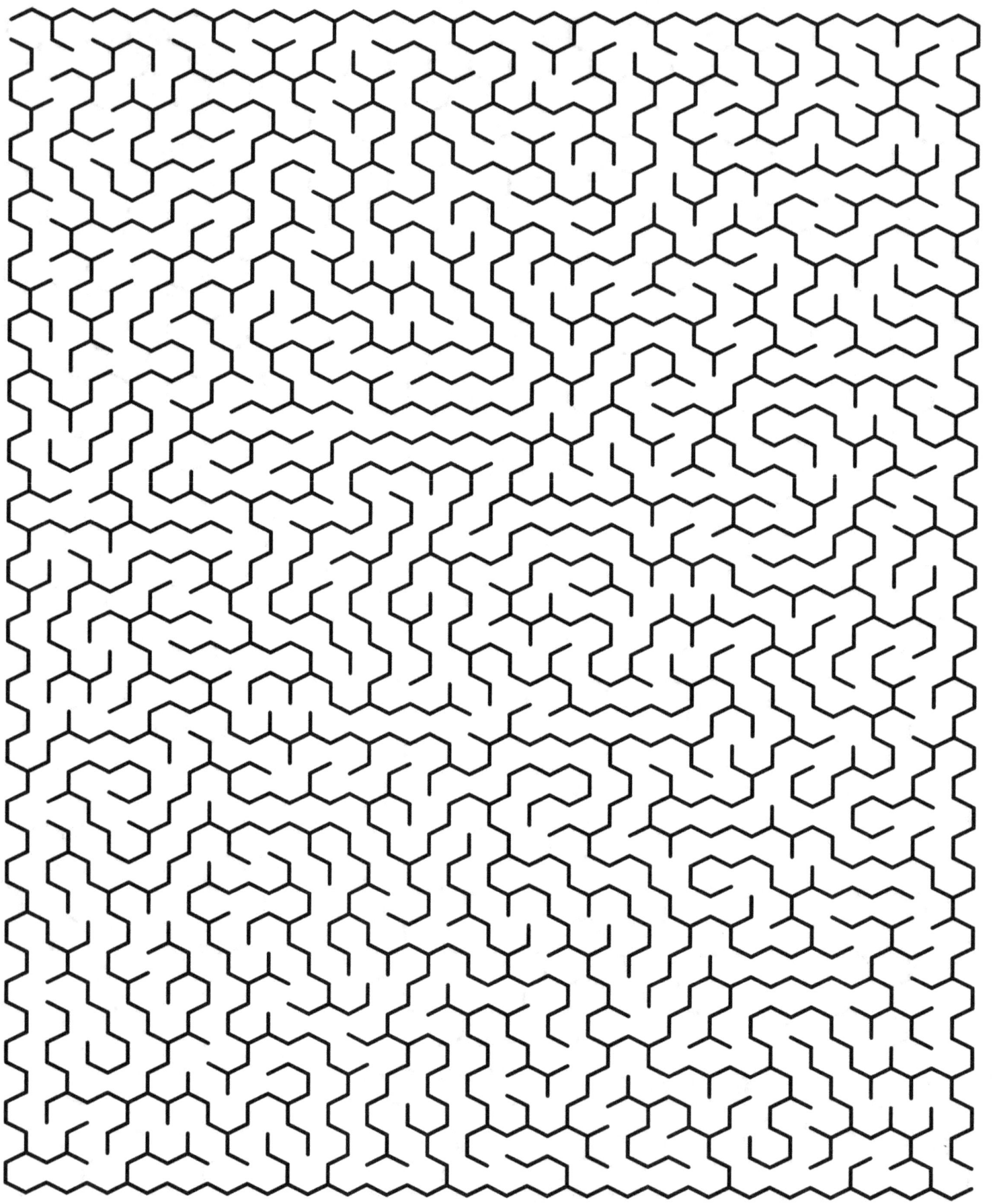

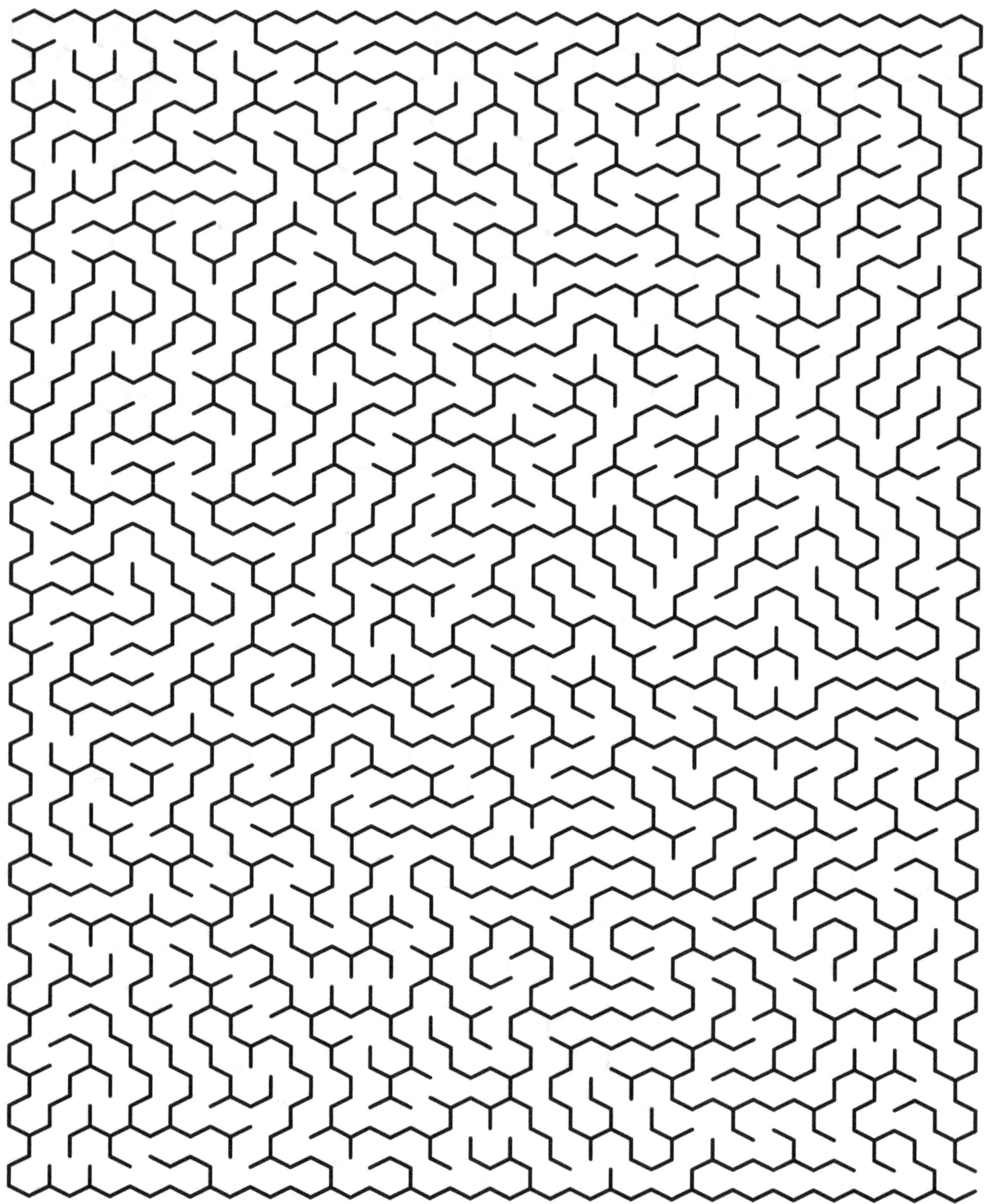

Laberintos hexagonales difíciles 37×59

Laberintos de rombo fáciles 9×12

¡Laberintos a Montones!

Laberintos de rombo fáciles 12×15

Laberintos de rombo medianos 12×15

Laberintos de rombo medianos 20×24

Laberintos de rombo difíciles 20×24

Laberintos de rombo difíciles 30×37

Laberintos cuadrado romo fáciles 9×12

Laberintos cuadrado romo fáciles 12×15

Laberintos cuadrado romo medianos 12×15

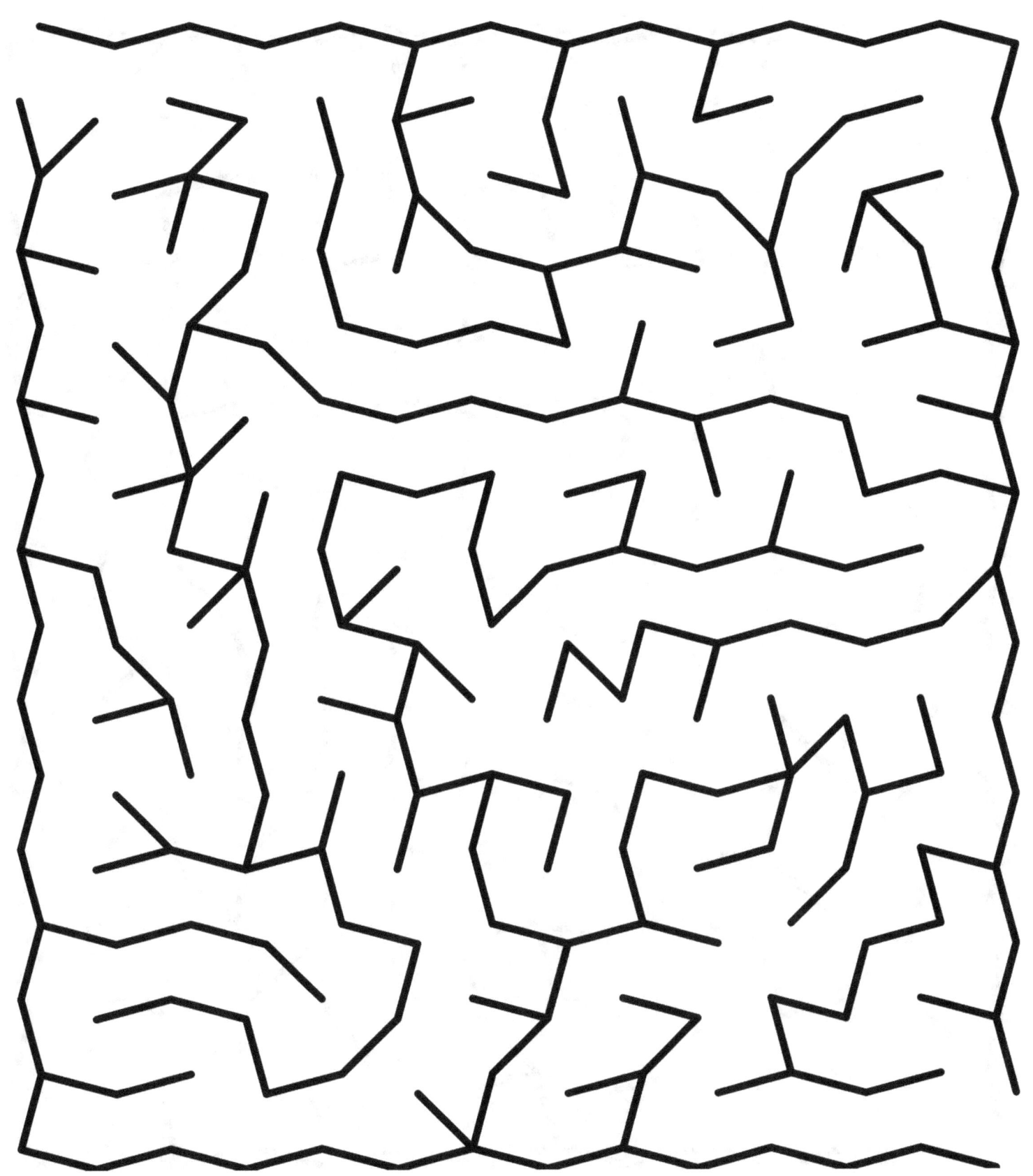

Laberintos cuadrado romo medianos 20×24

Laberintos cuadrado romo difíciles 20×24

Laberintos cuadrado romo difíciles 30×37

Laberintos cuadrado romo 2 fáciles 9×12

Laberintos de El Cairo fáciles 9×12

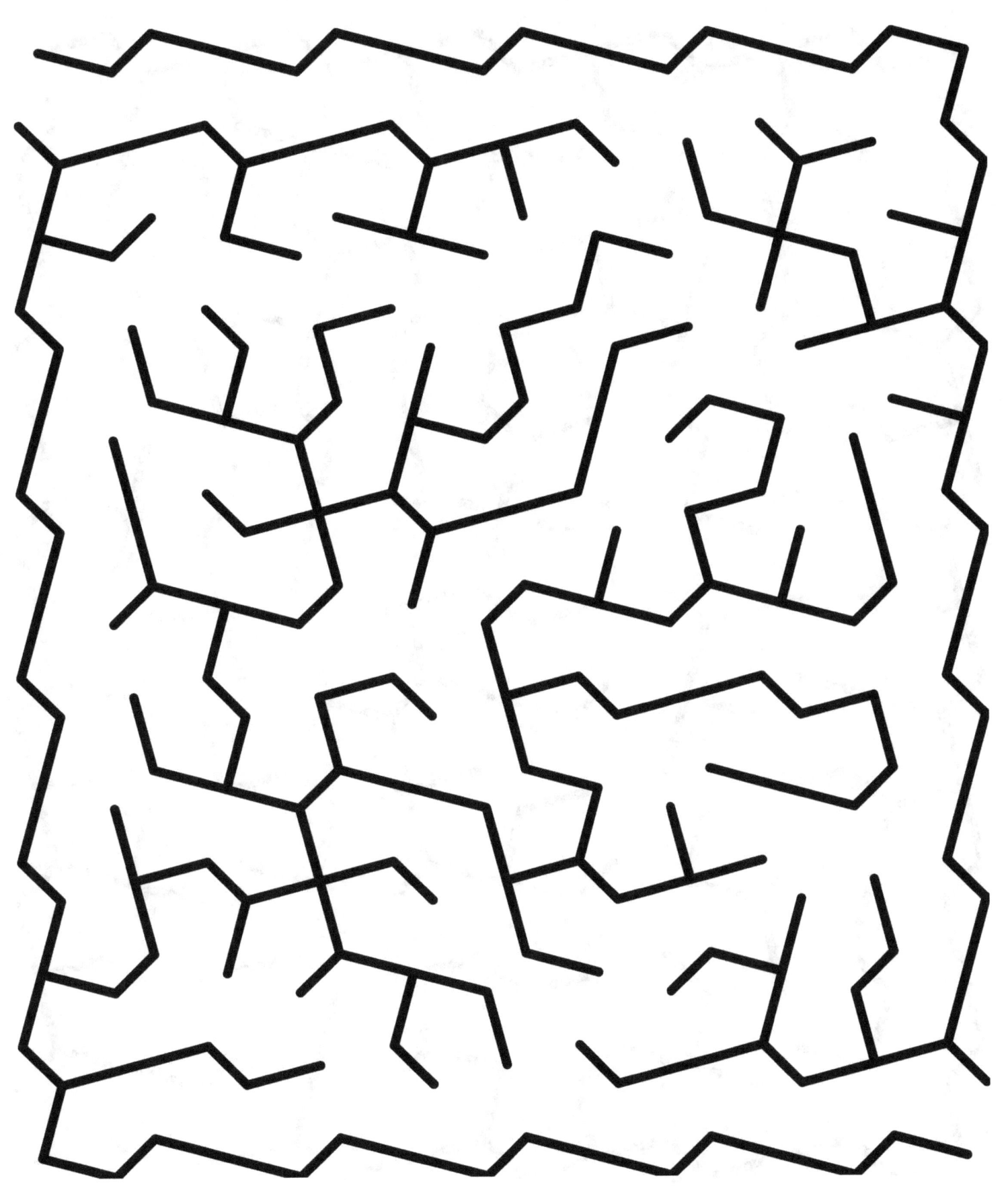

Laberintos de El Cairo fáciles 12×15

Laberintos de El Cairo fáciles 13×16

Laberintos de El Cairo medianos 13×15

¡Laberintos a Montones!

Laberintos de El Cairo medianos 20×24

¡Laberintos a Montones!

Laberintos de El Cairo difíciles 20×24

Laberintos de El Cairo difíciles 30×37

Laberintos circulares difíciles 20×20

Laberintos circulares difíciles 25×25

Laberintos circulares difíciles 30×30

Laberintos circulares difíciles 35×35

Laberintos cuadrado-triangular fáciles 9×12

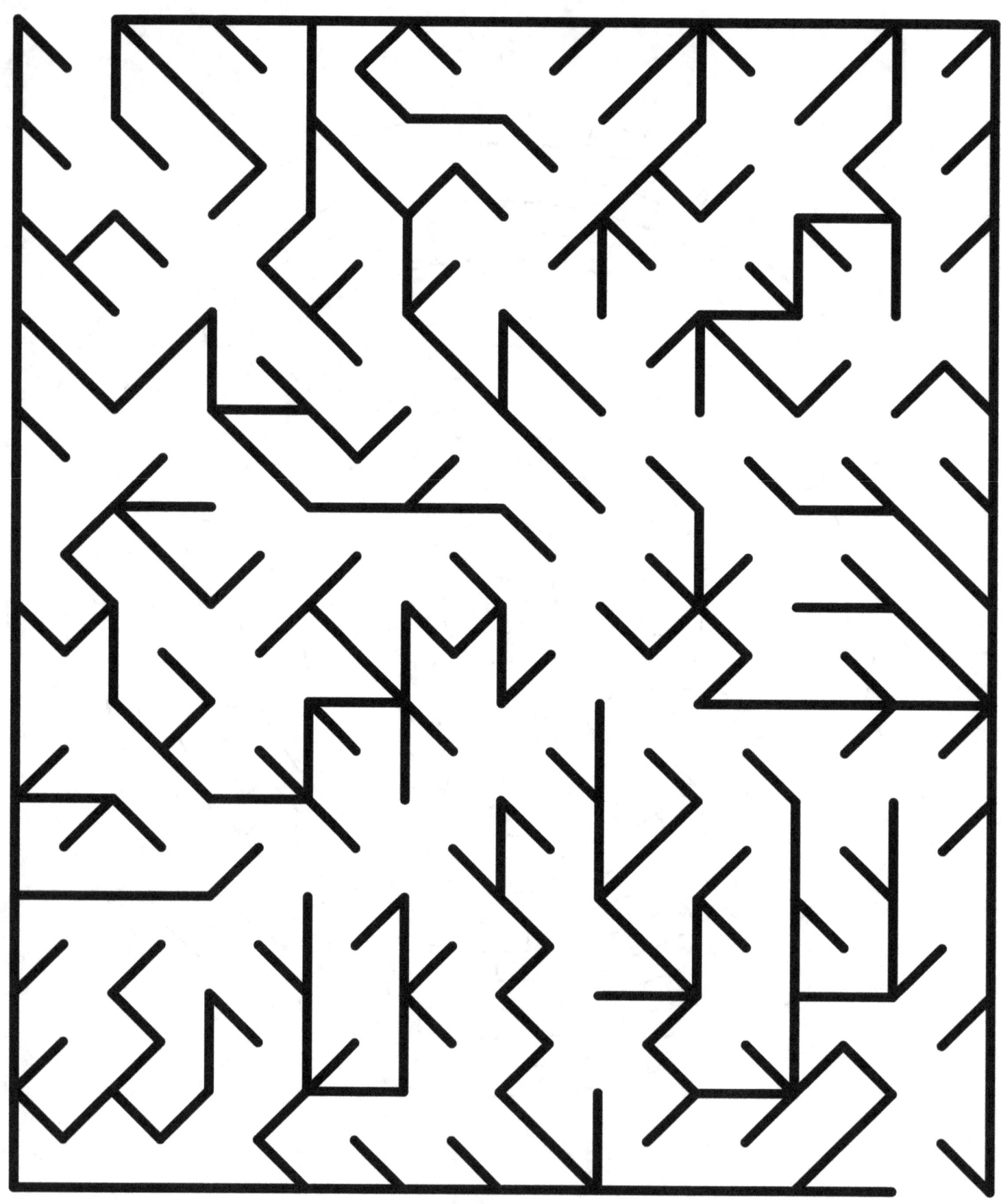

Laberintos cuadrado-triangular fáciles 12×15

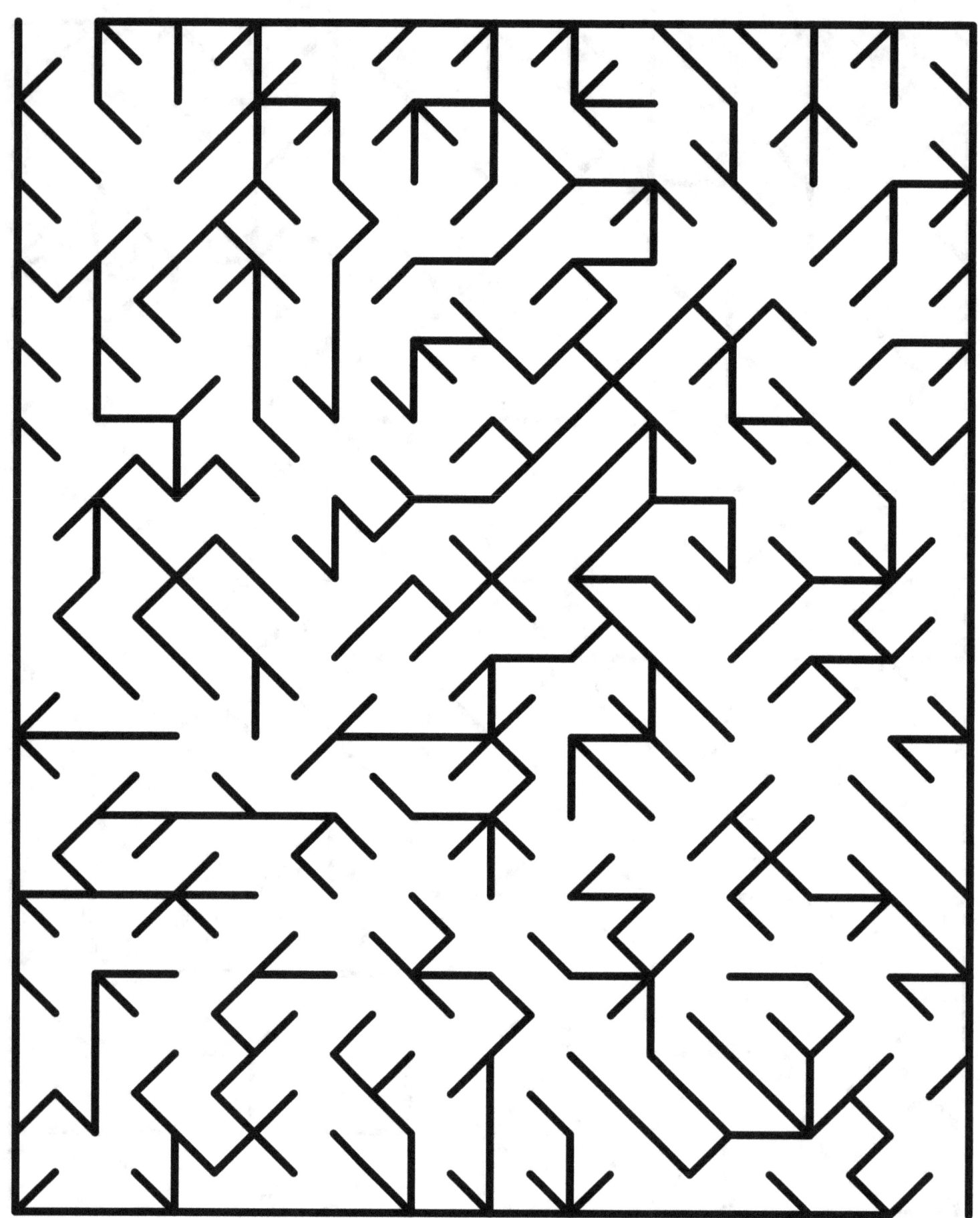

Laberintos cuadrado-triangular medianos 12×15

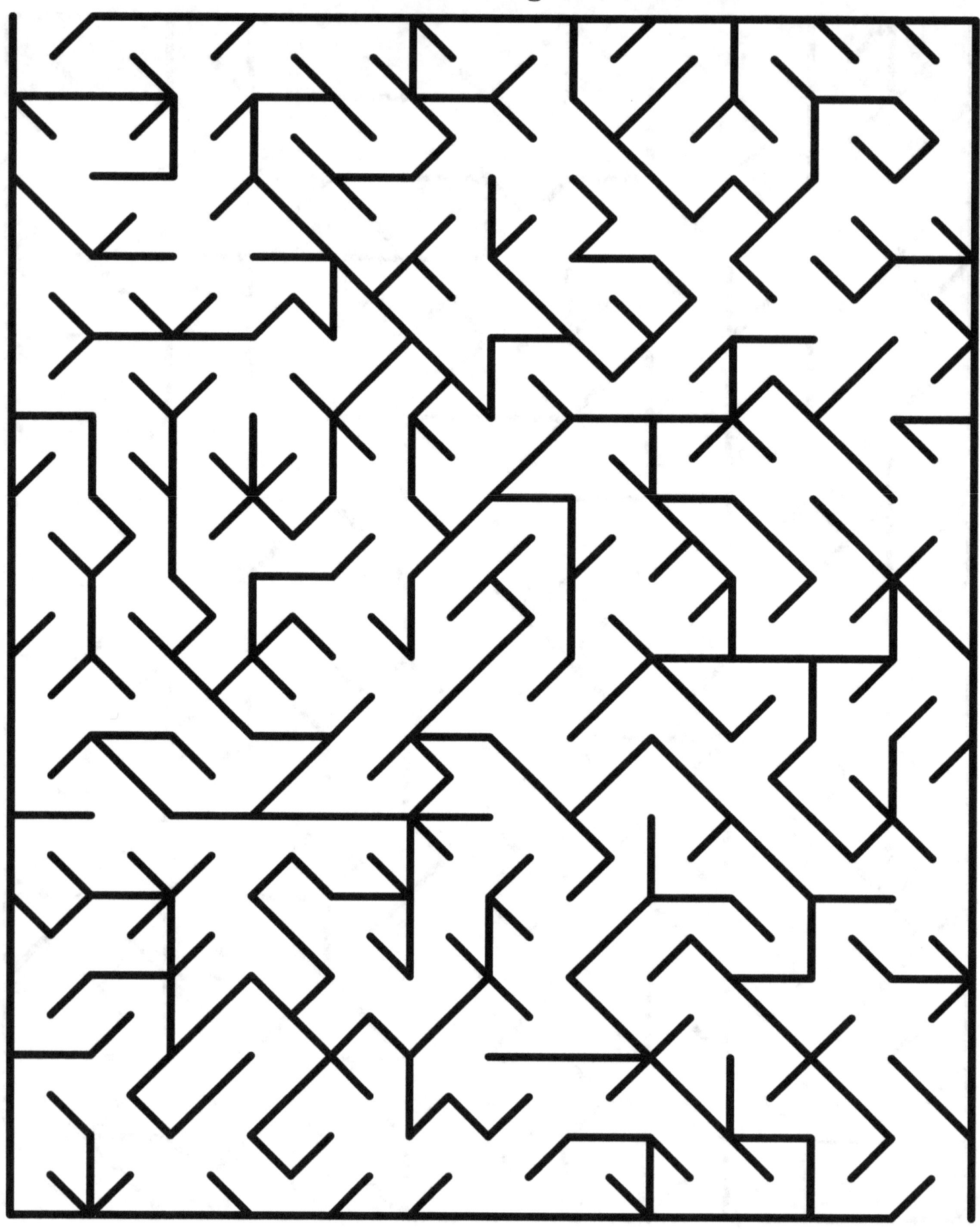

Laberintos cuadrado-triangular medianos 20×24

Laberintos cuadrado-triangular difíciles 20×24

Laberintos cuadrado-triangular difíciles 30×37

Soluciones

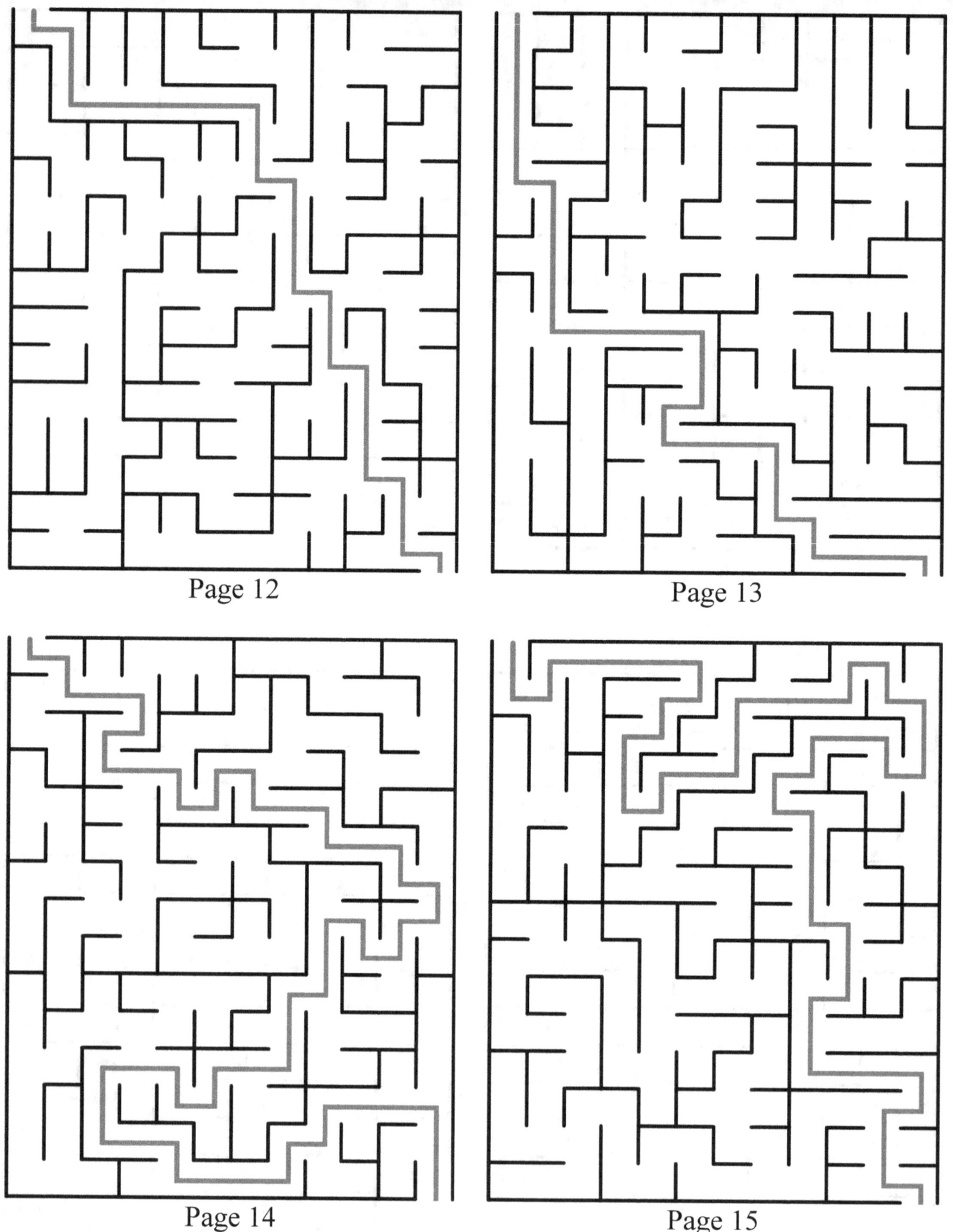

Page 12 Page 13 Page 14 Page 15

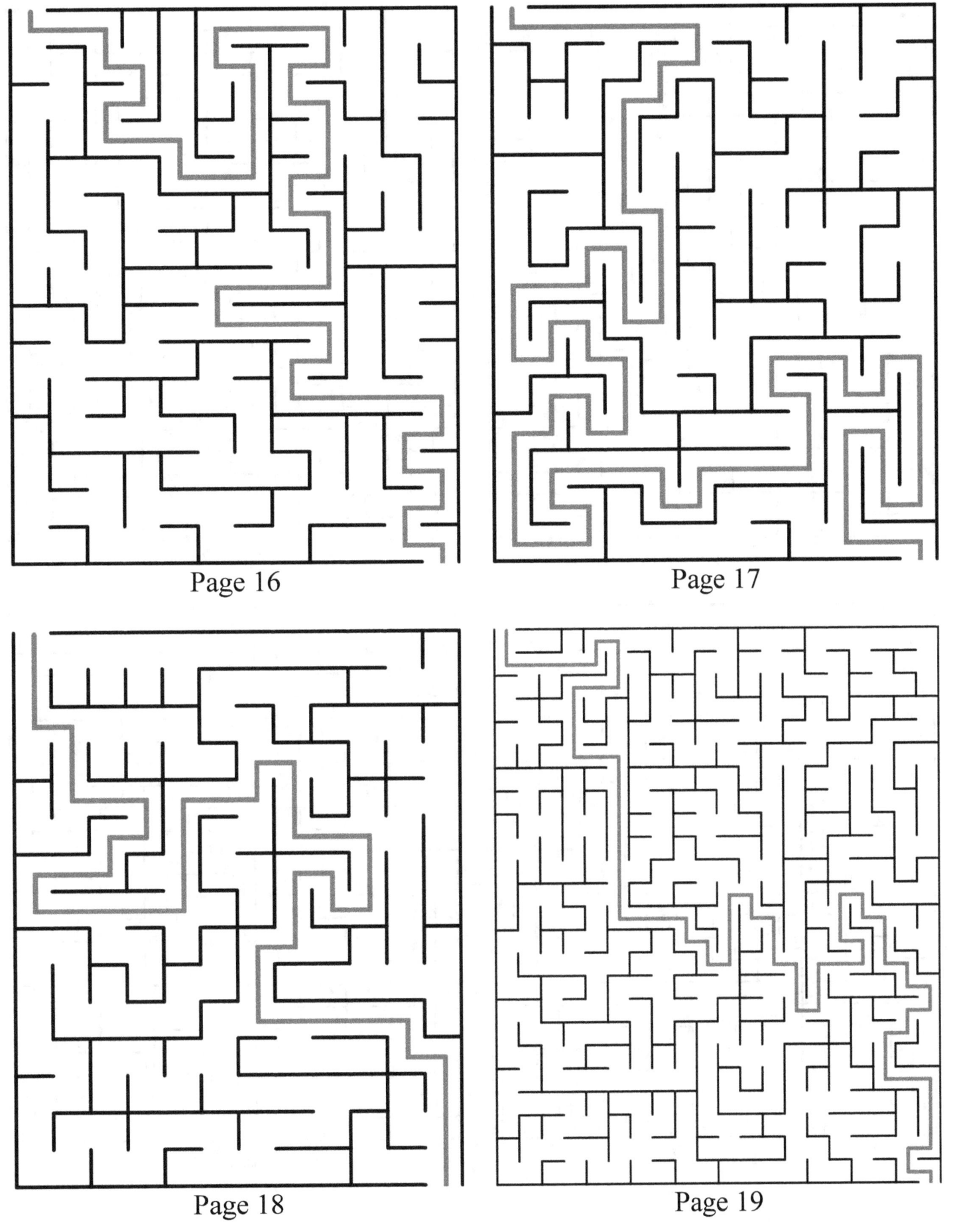

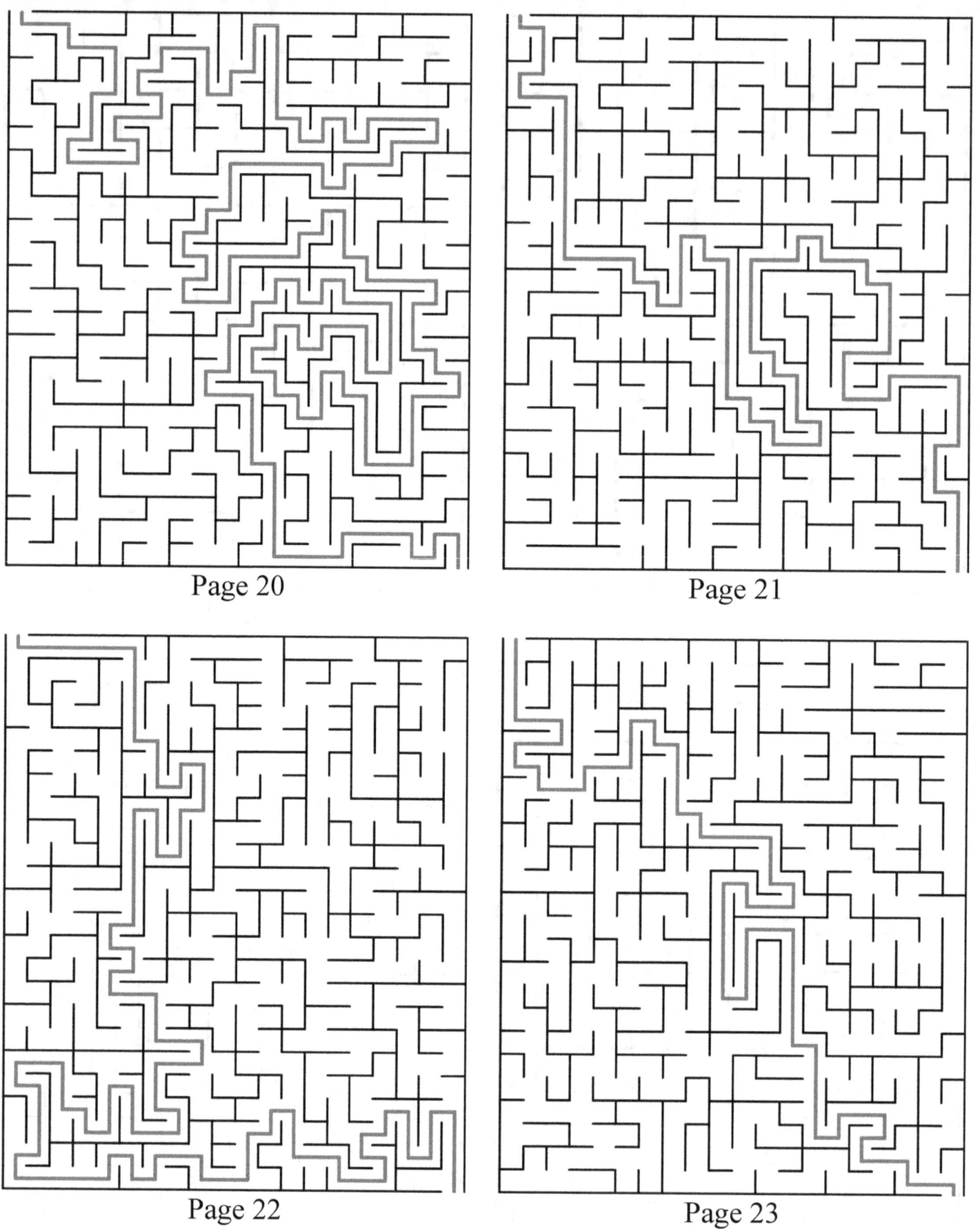

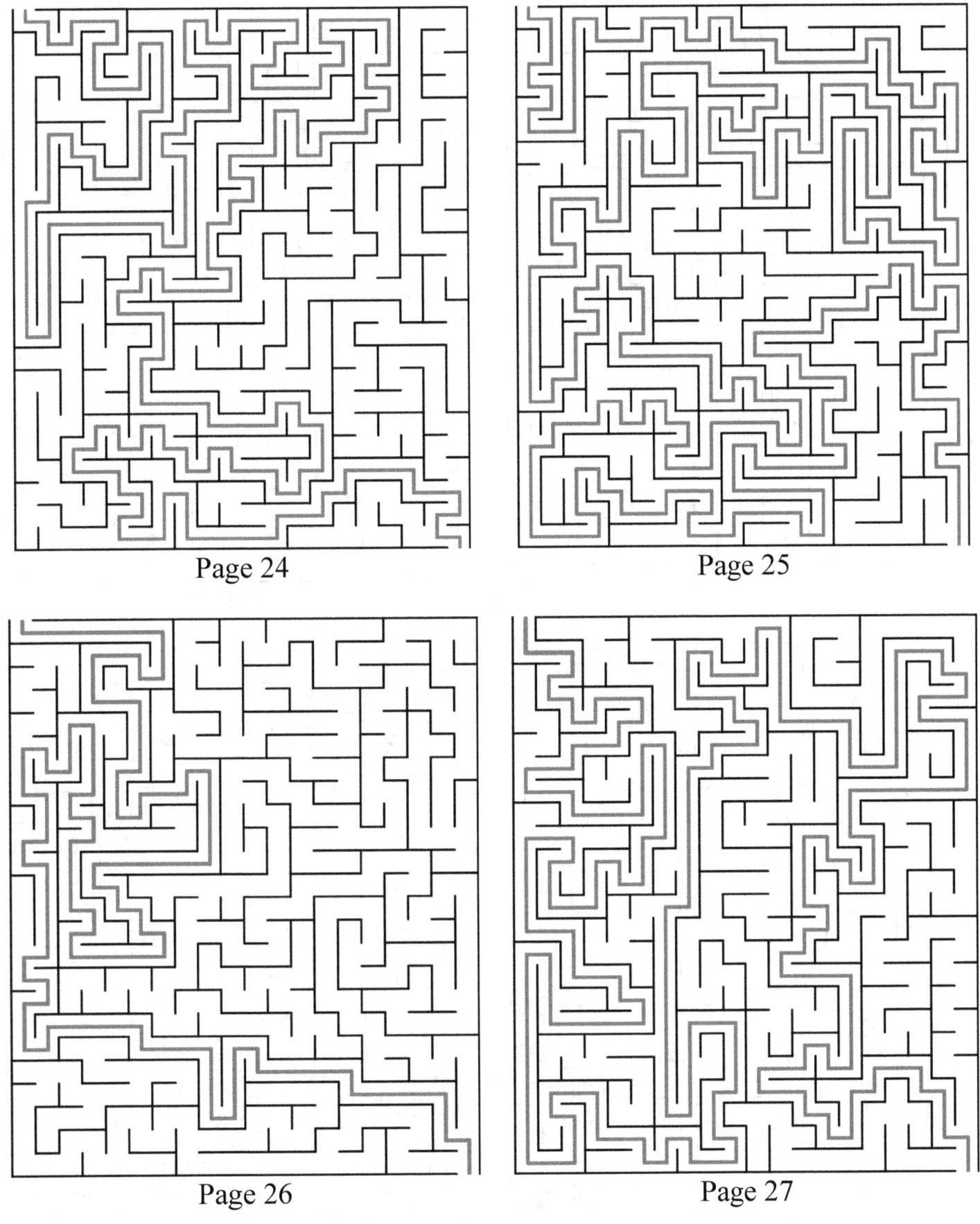

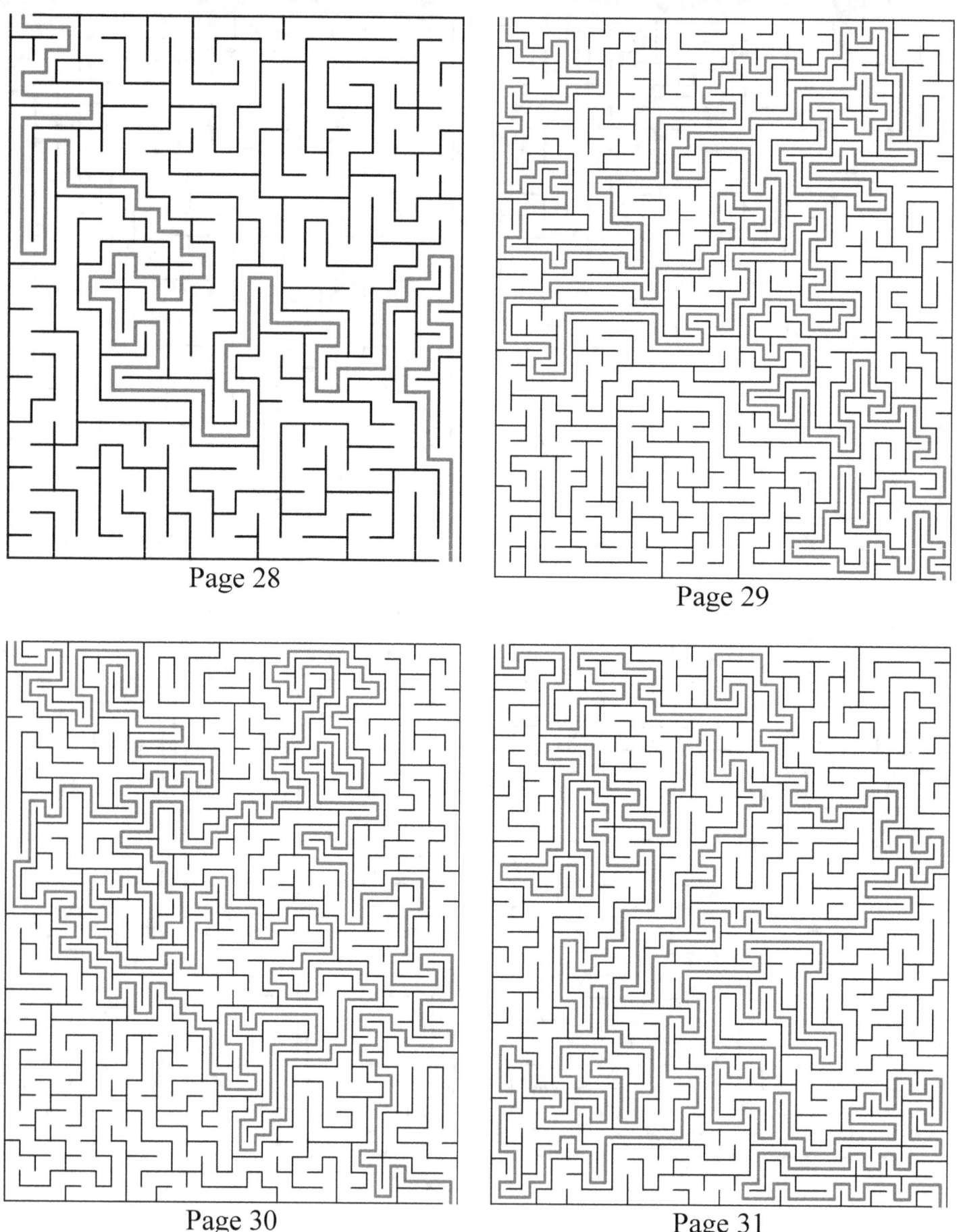

Page 32

Page 33

Page 34

Page 35

¡Laberintos a Montones! Copyright 2025 Life is a Story Problem LLC.

Page 36 Page 37 Page 38 Page 39

Page 48

Page 49

Page 50

Page 51

¡Laberintos a Montones!

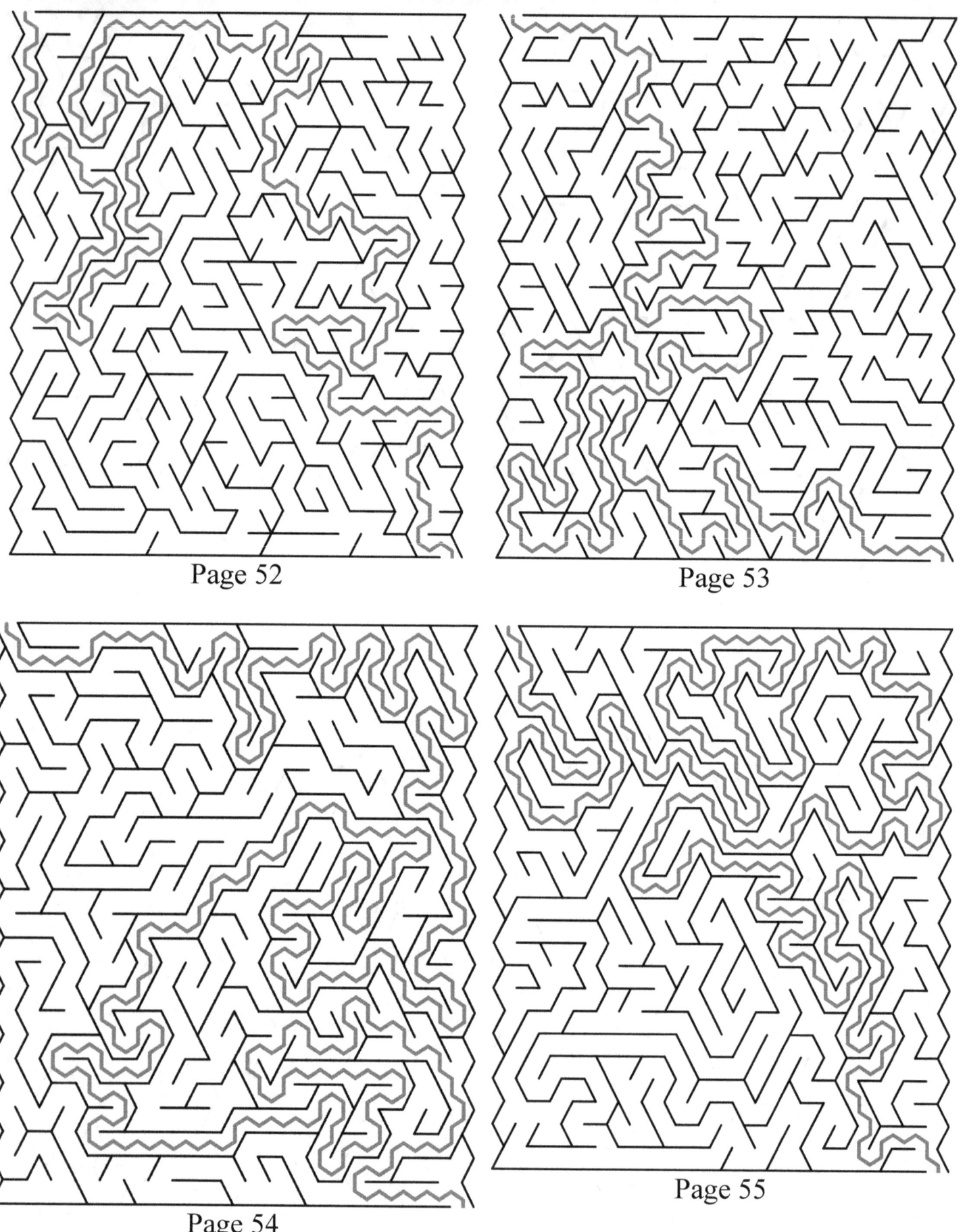

Page 52

Page 53

Page 54

Page 55

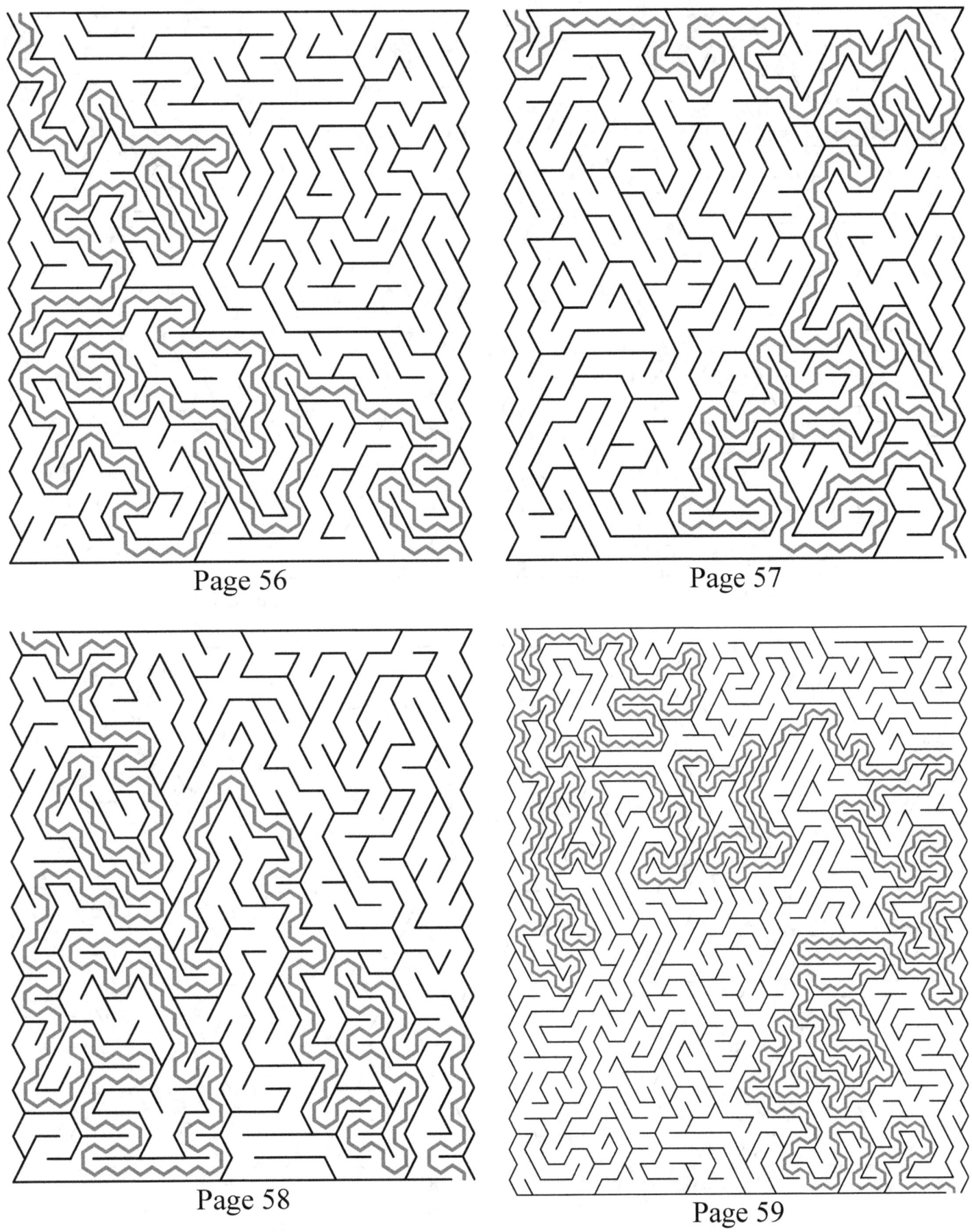

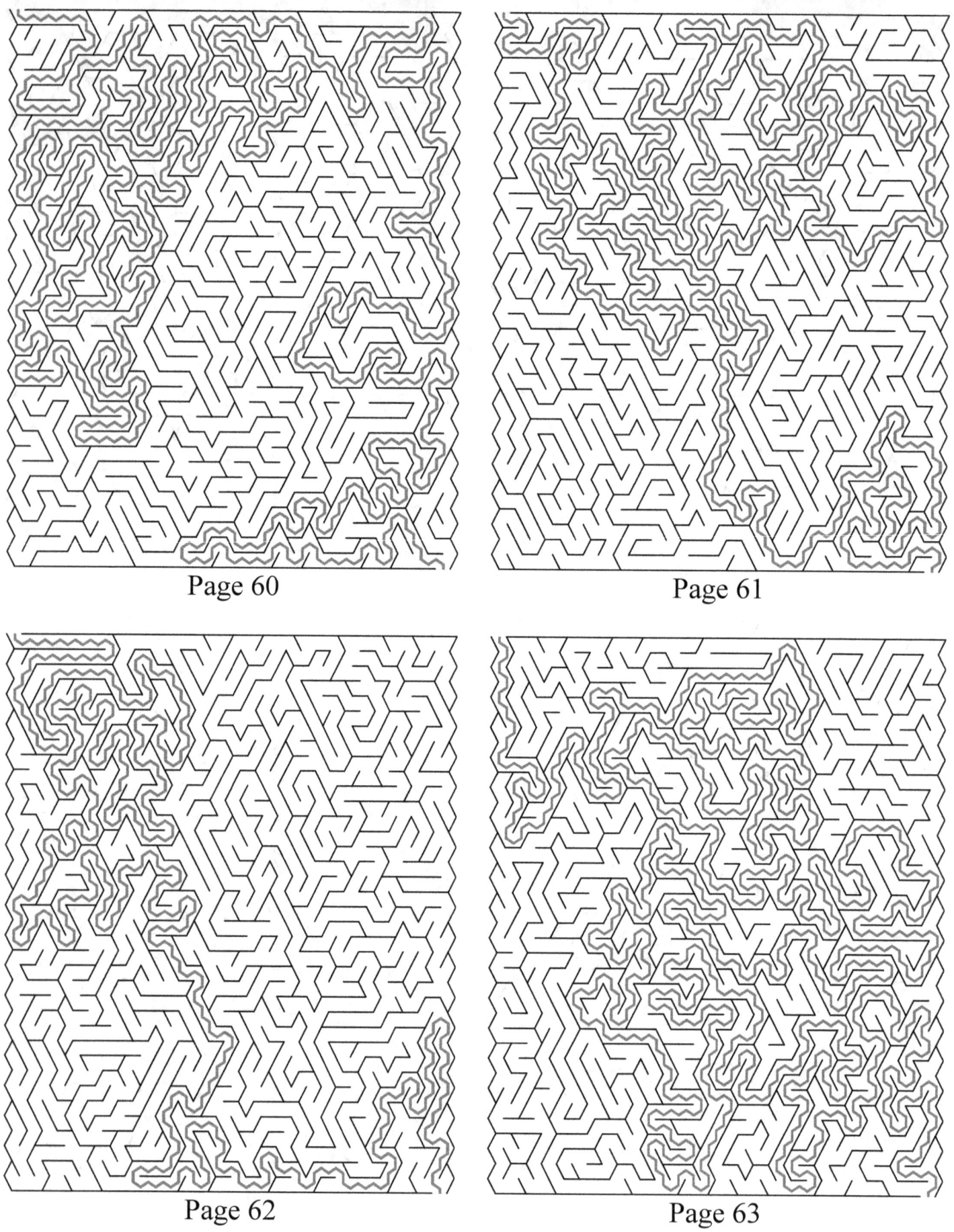

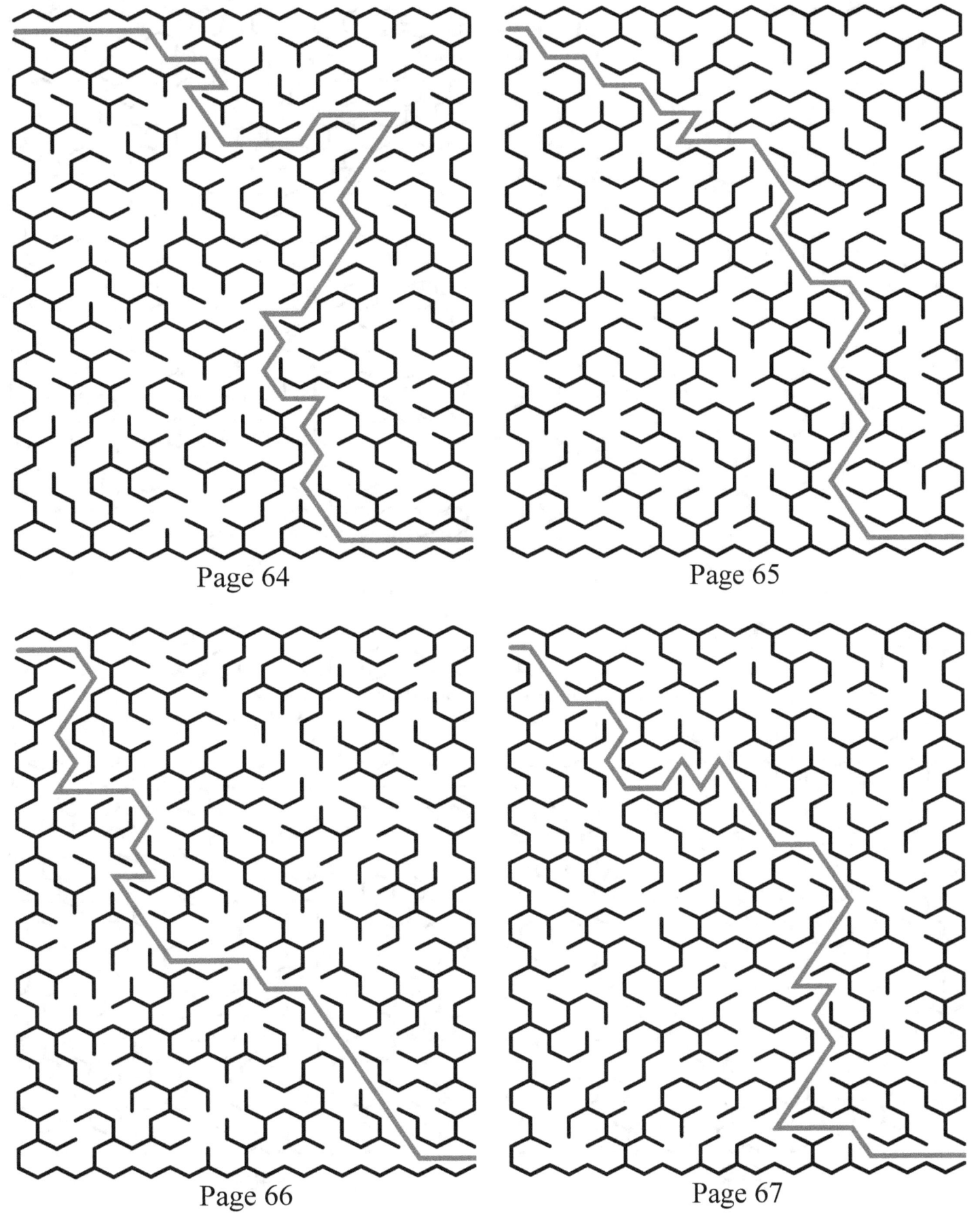

Page 64

Page 65

Page 66

Page 67

¡Laberintos a Montones!

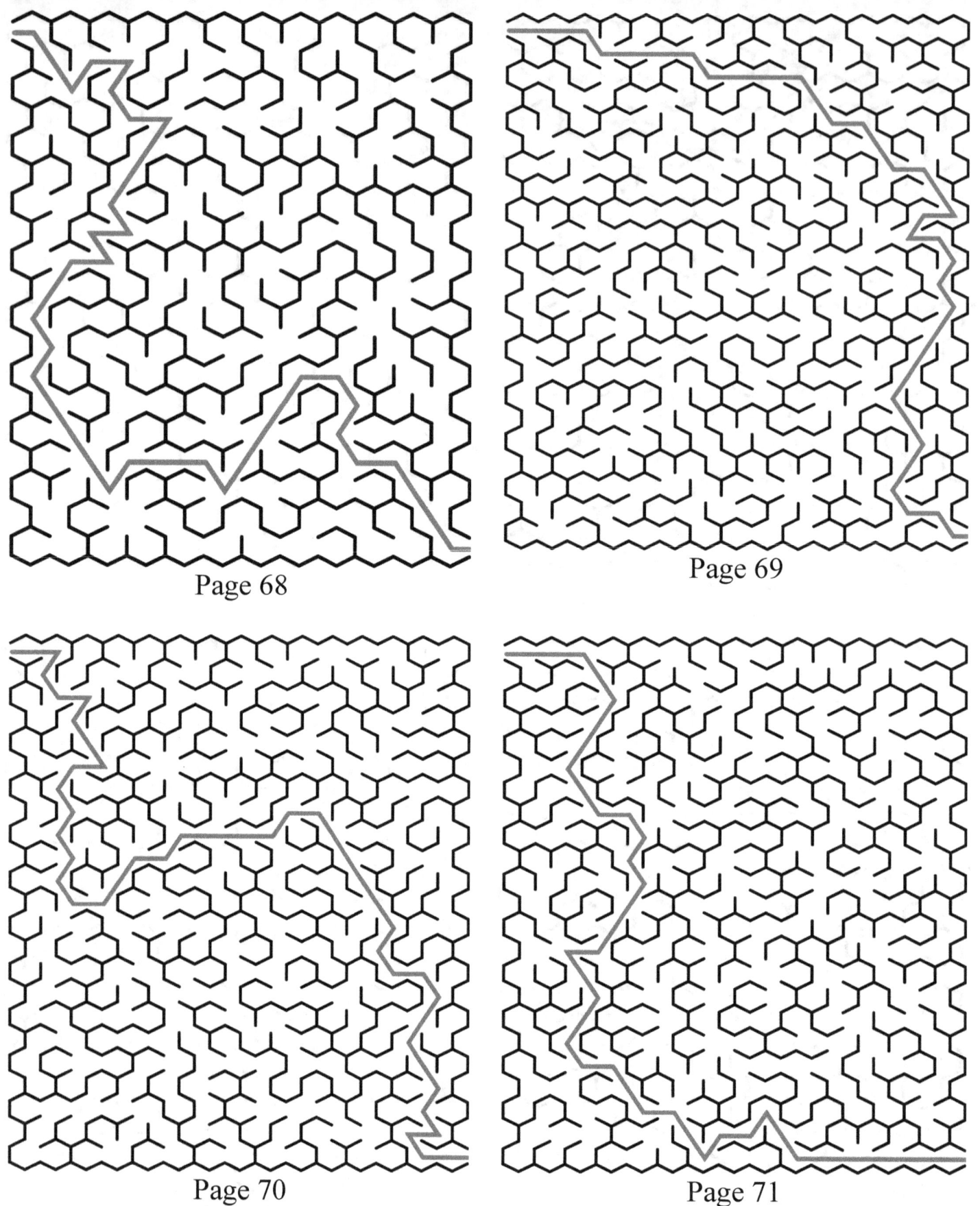

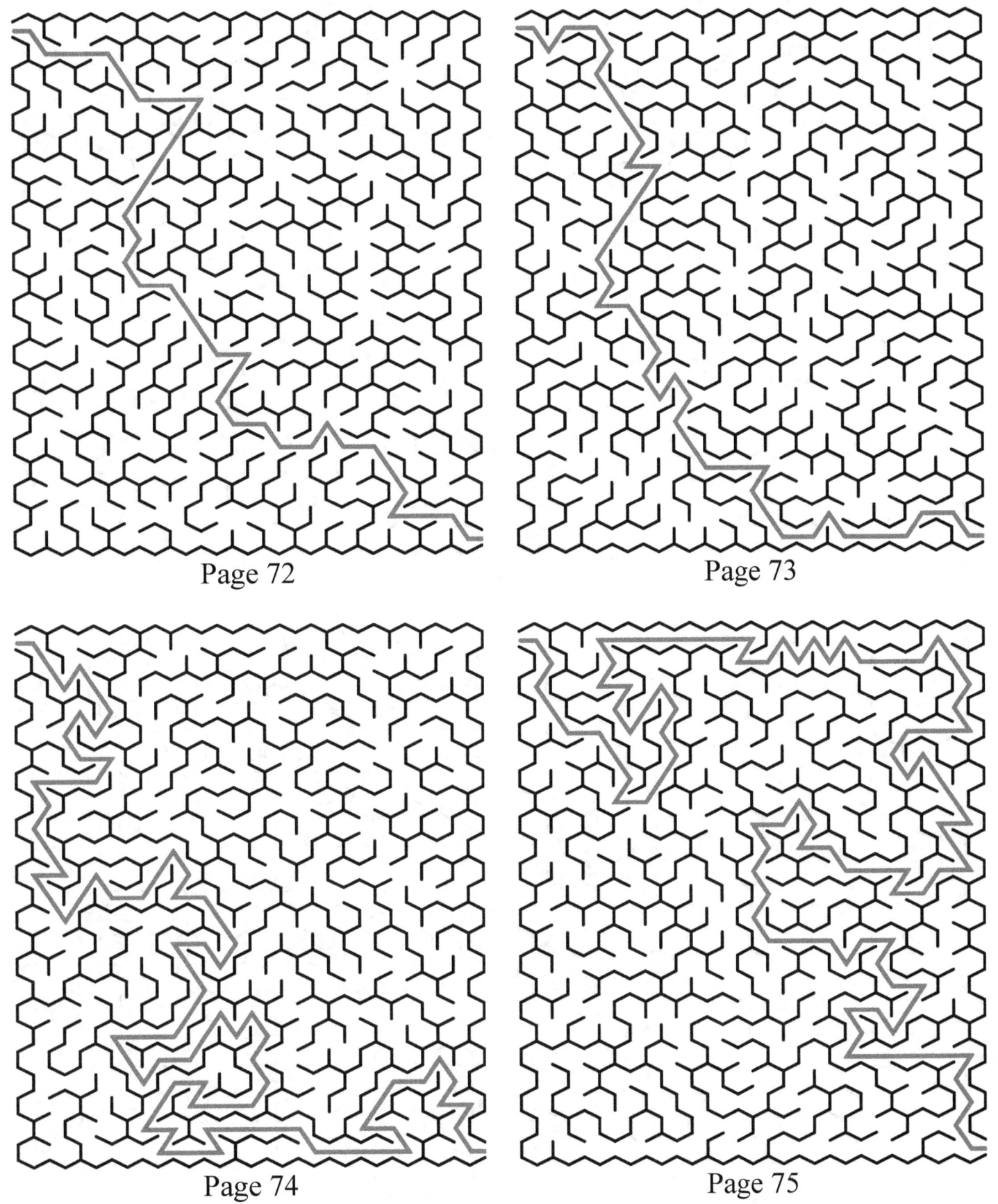

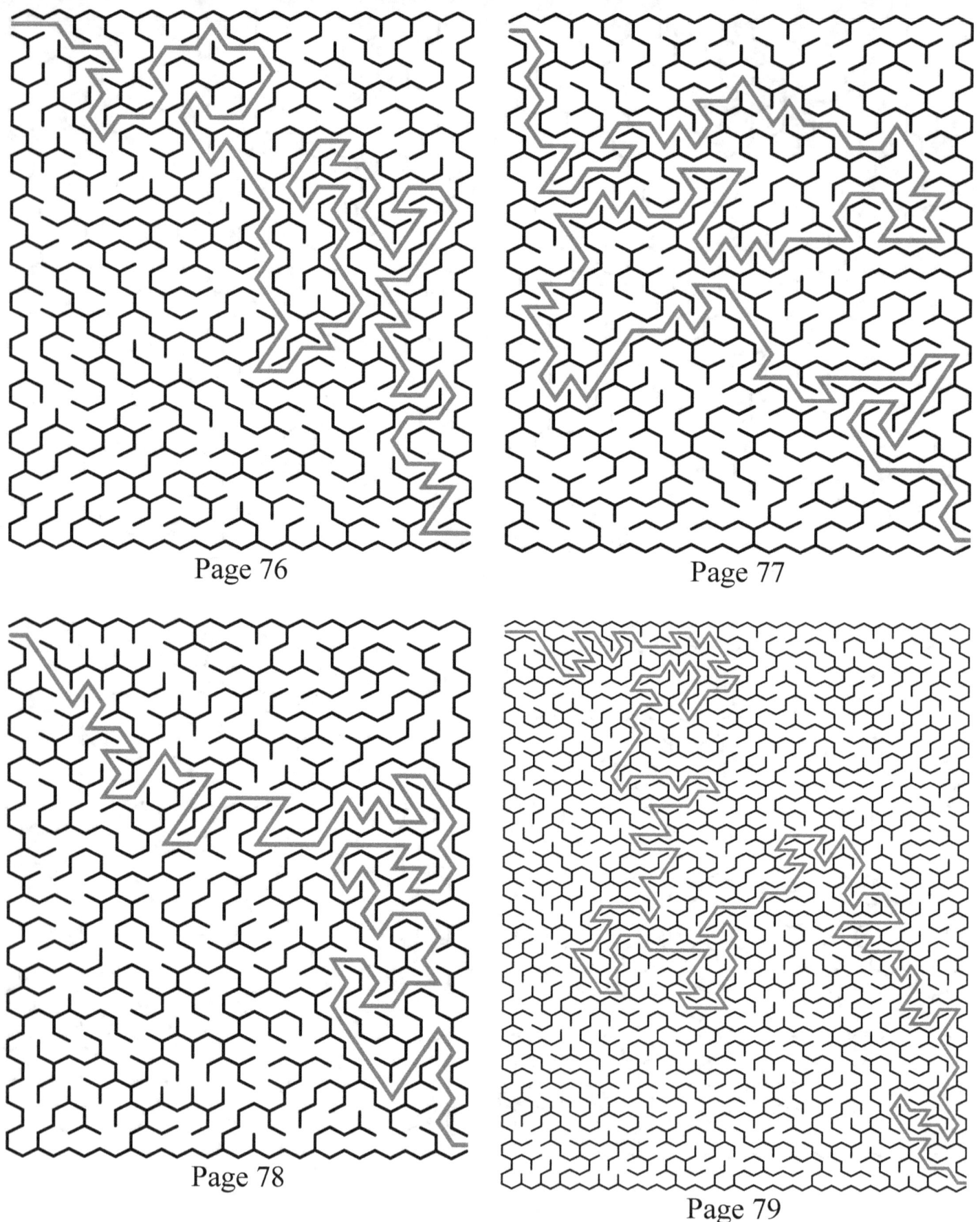

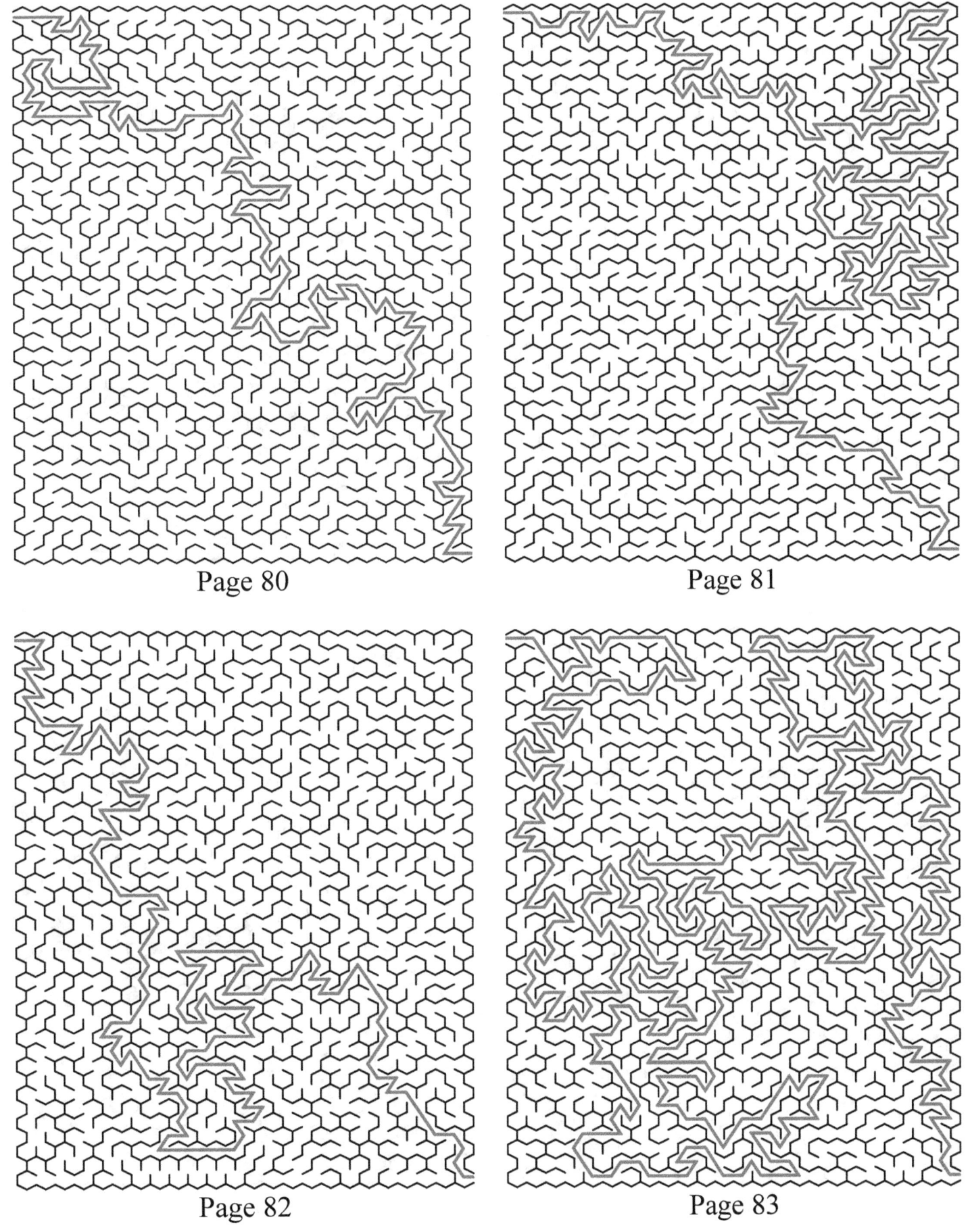
Page 80
Page 81
Page 82
Page 83

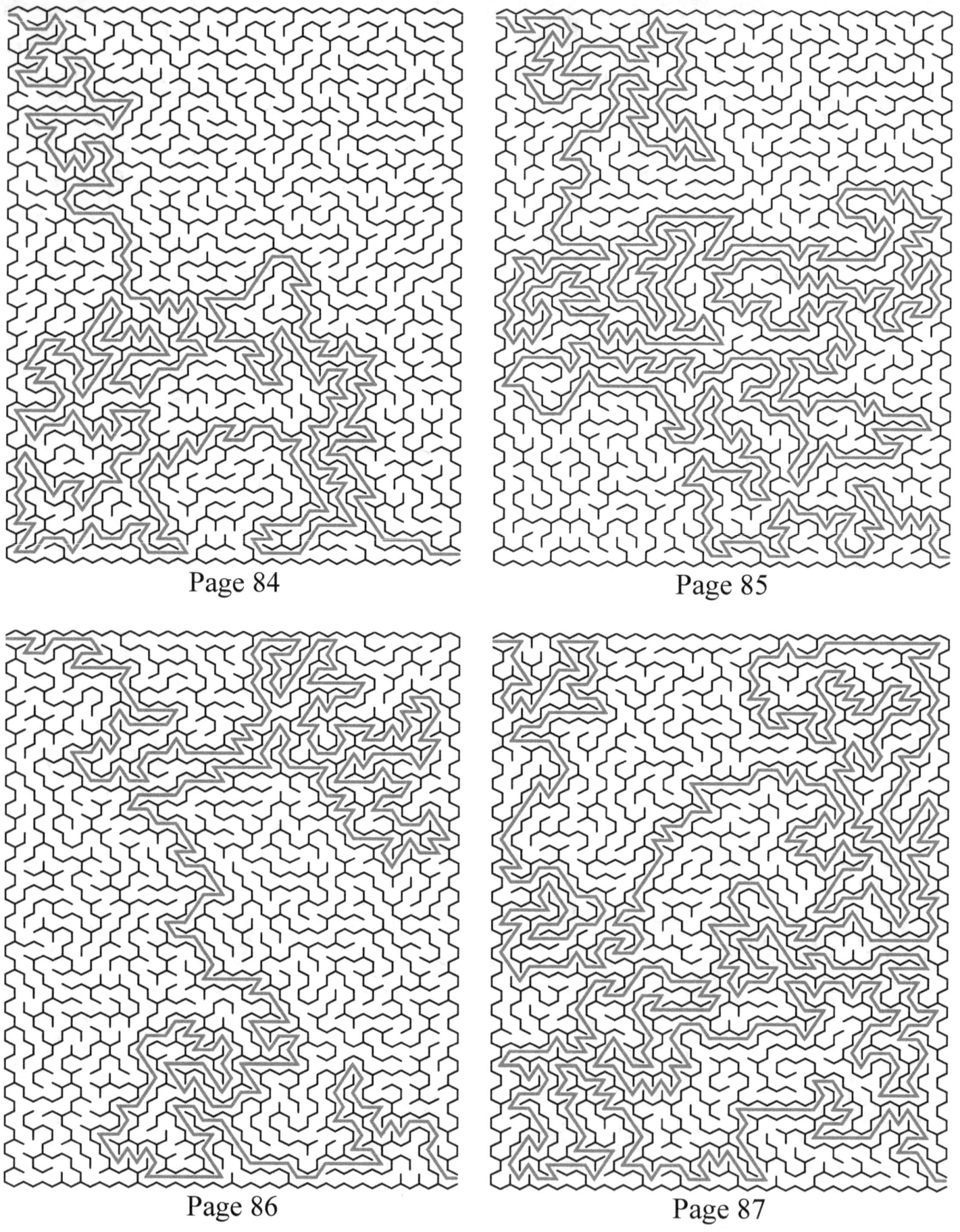

Page 84

Page 85

Page 86

Page 87

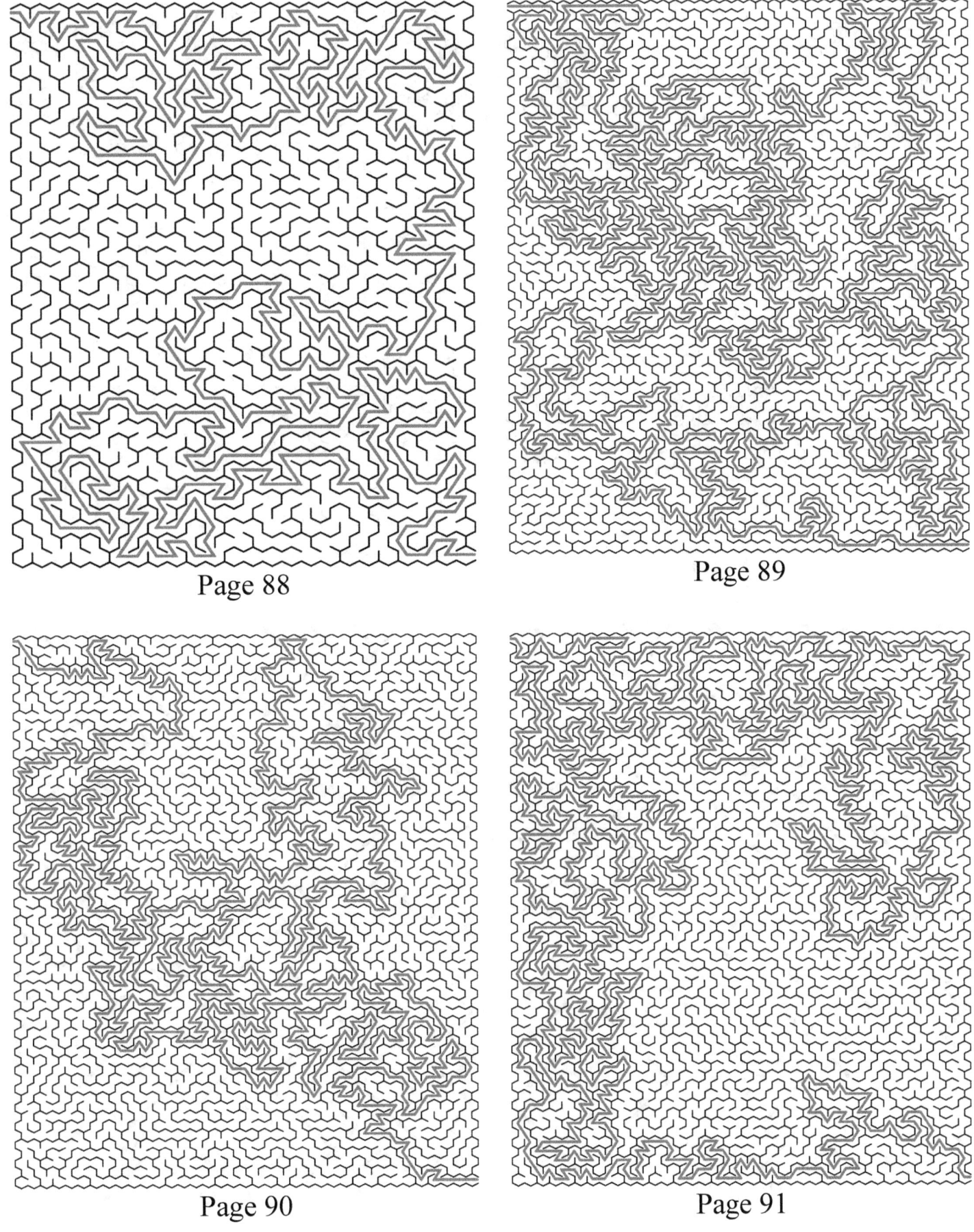

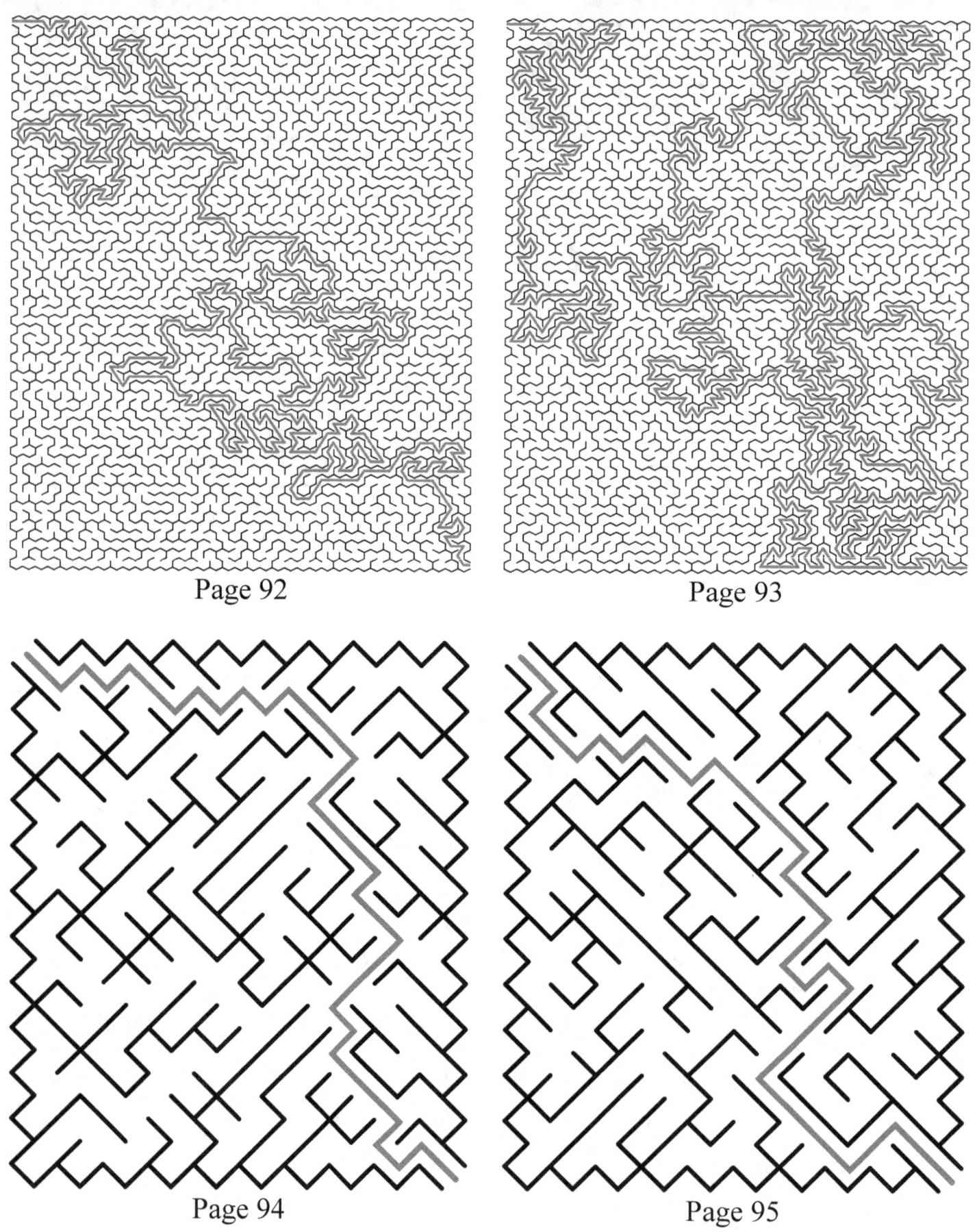

Page 96

Page 97

Page 98

Page 99

Page 100

Page 101

Page 102

Page 103

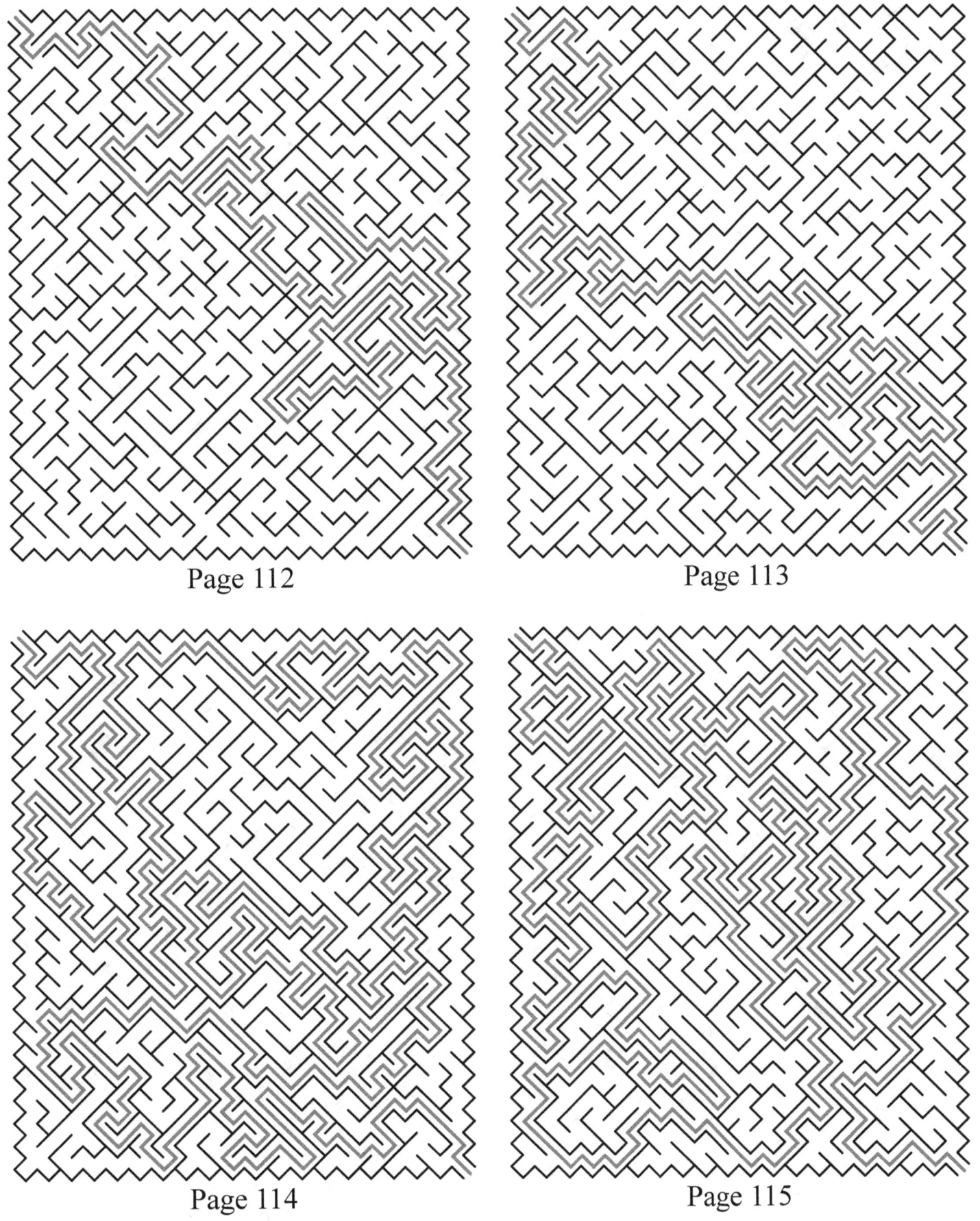

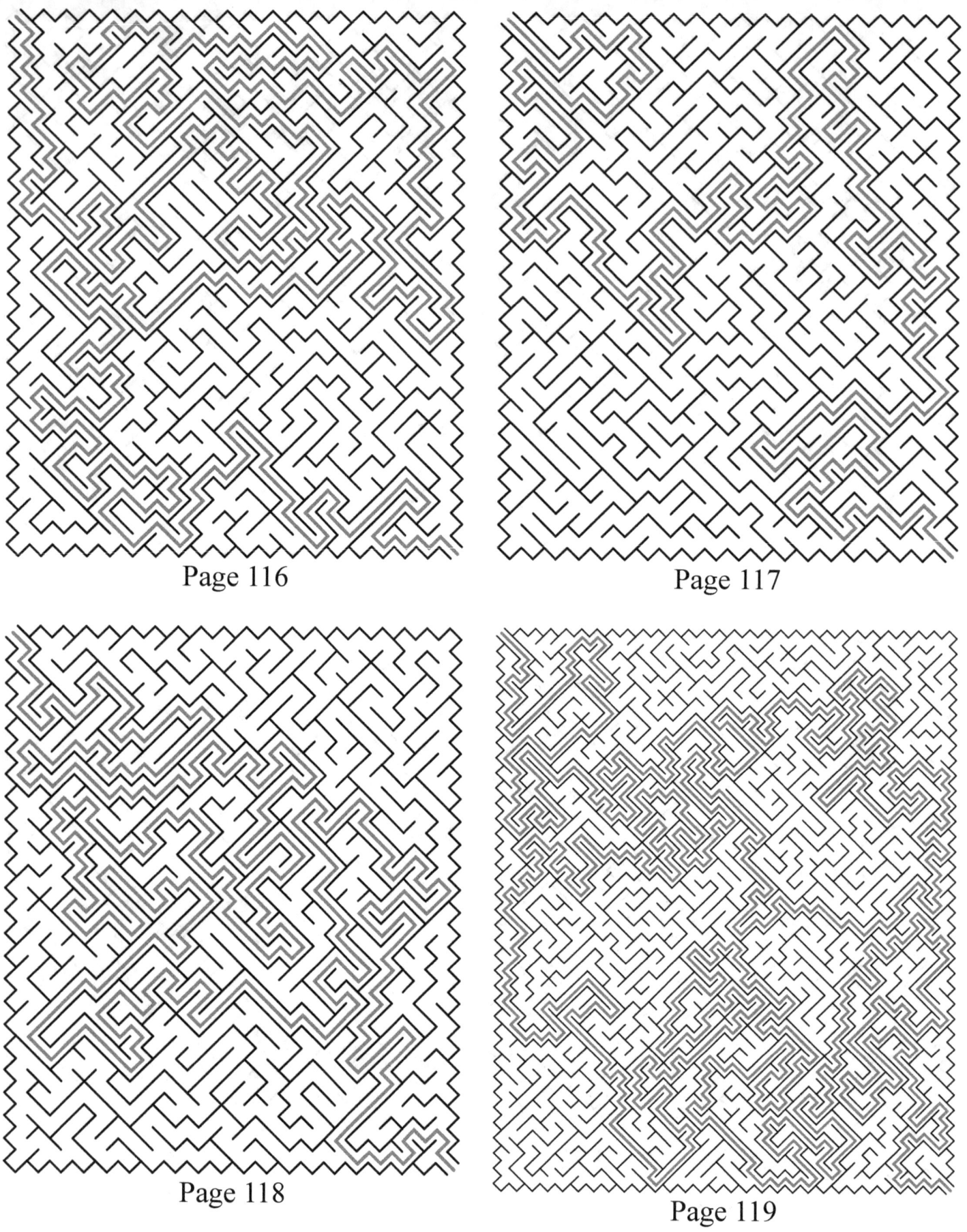

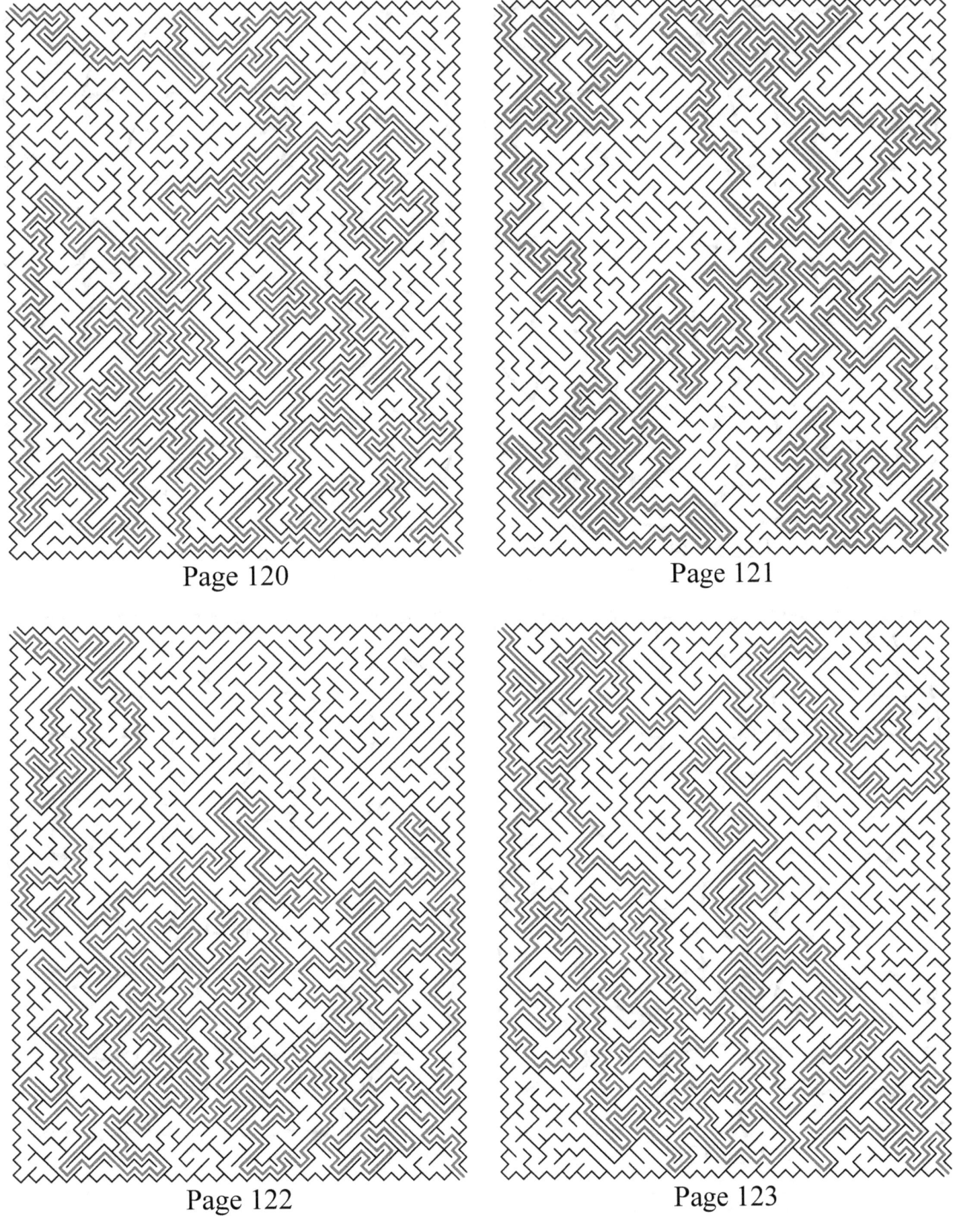

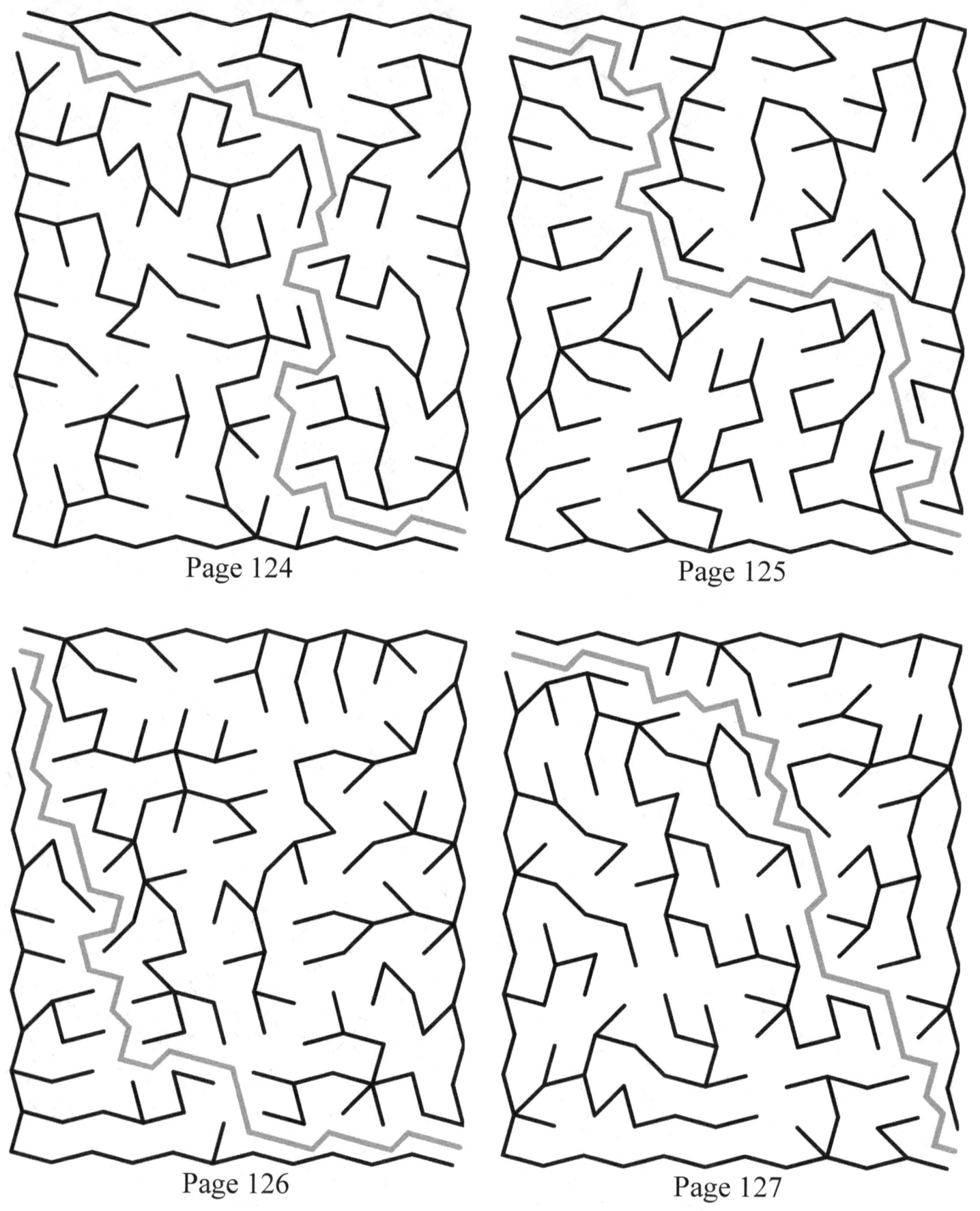

Page 124

Page 125

Page 126

Page 127

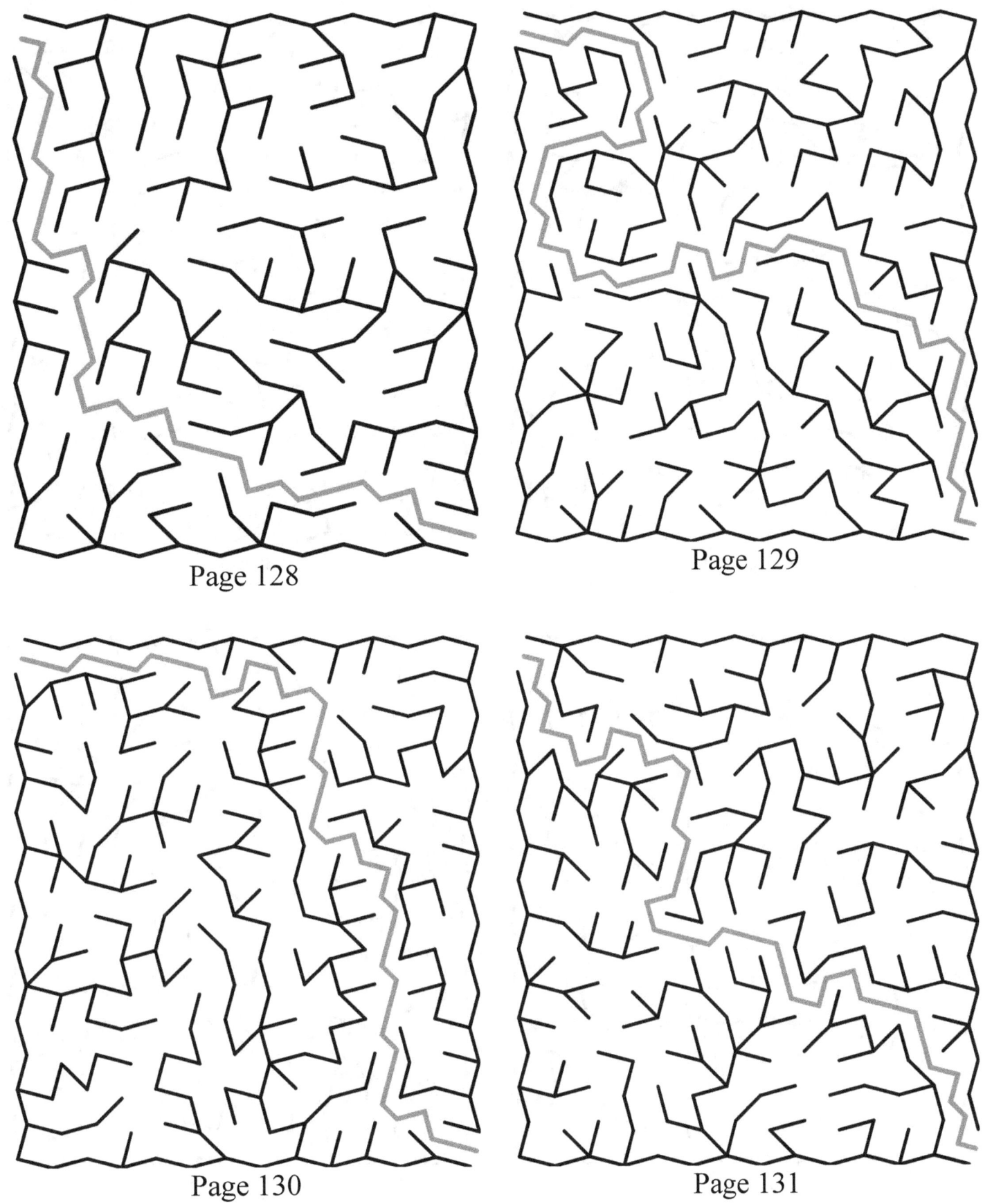

Page 128

Page 129

Page 130

Page 131

¡Laberintos a Montones! Copyright 2025 Life is a Story Problem LLC. 276

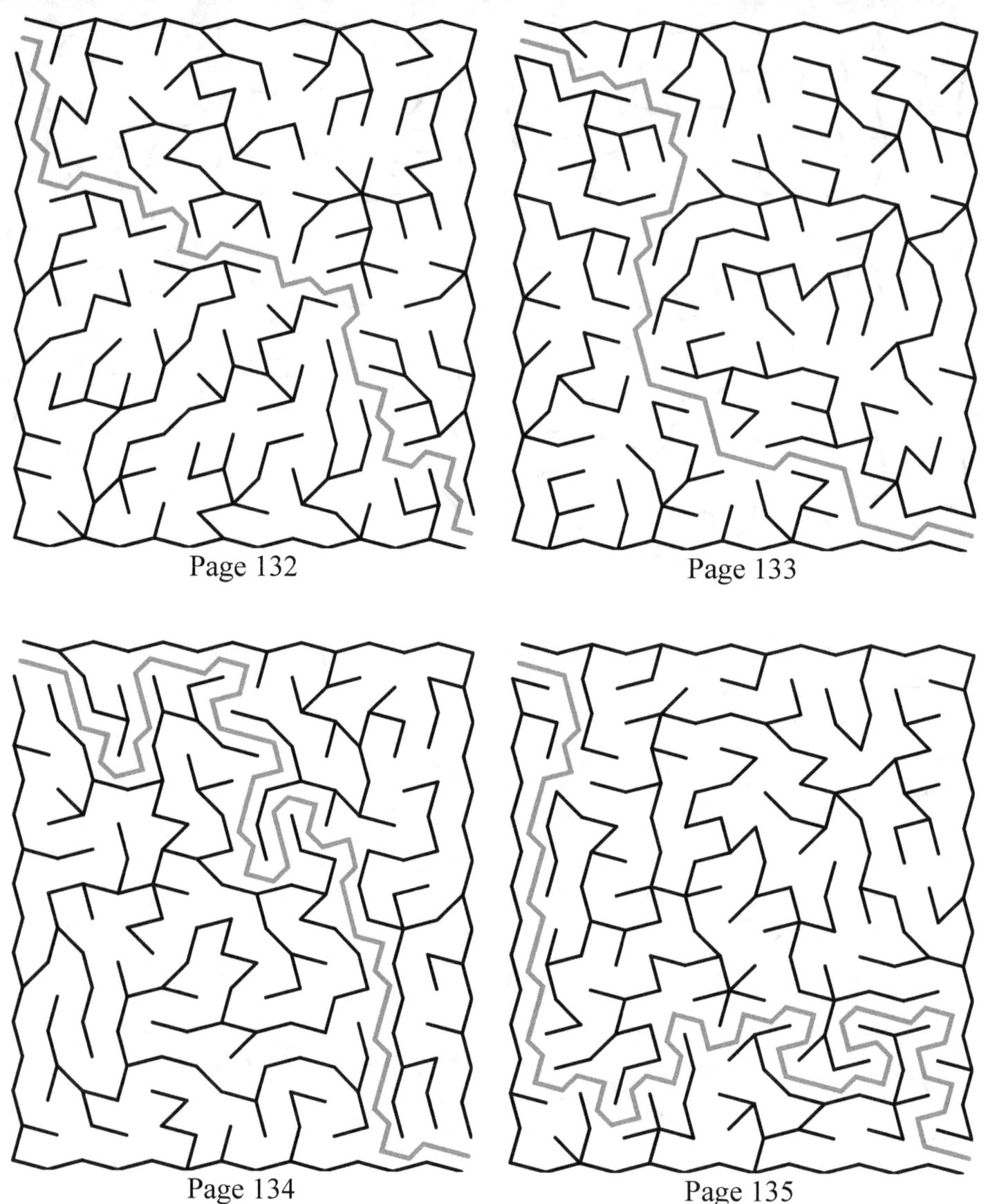

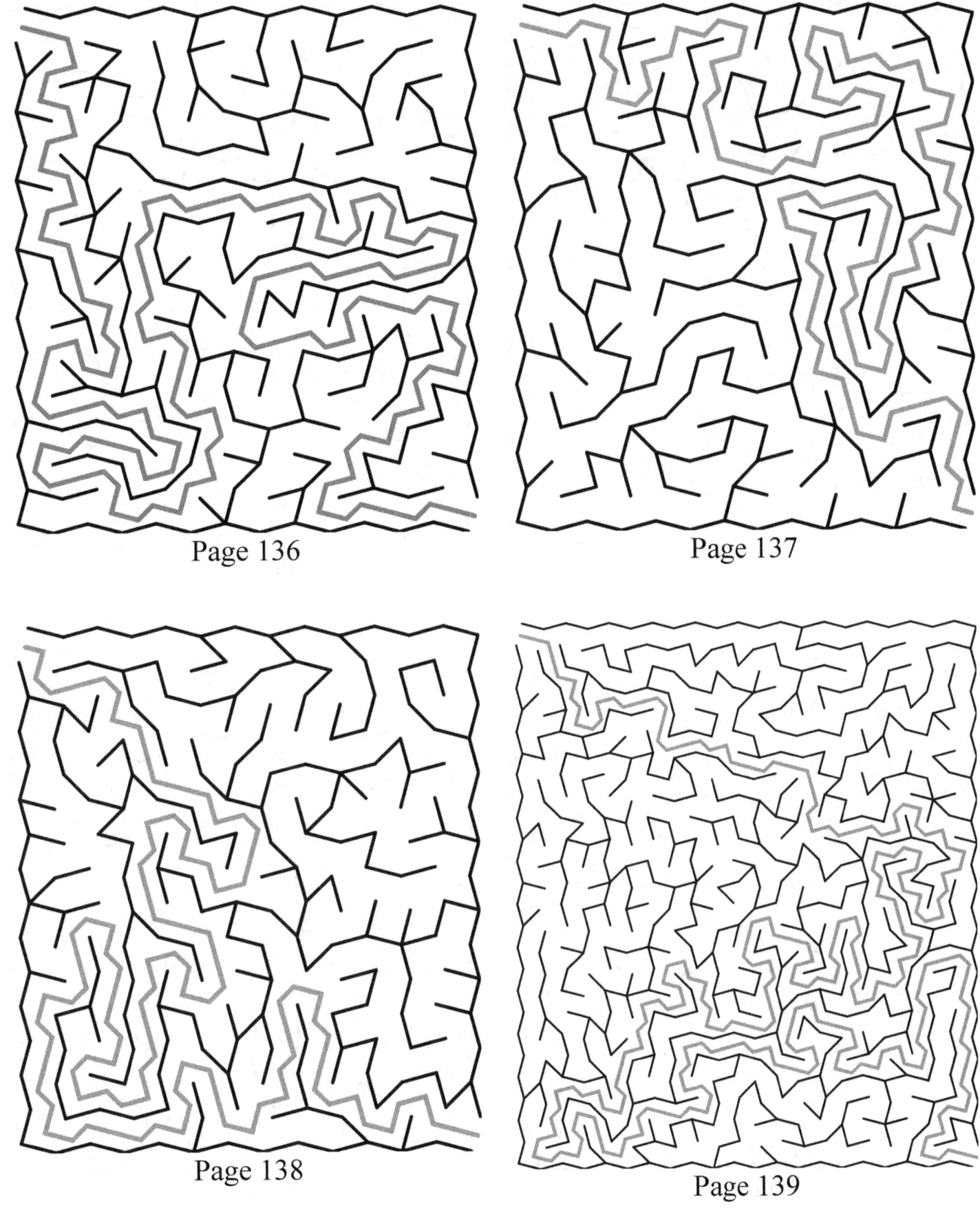

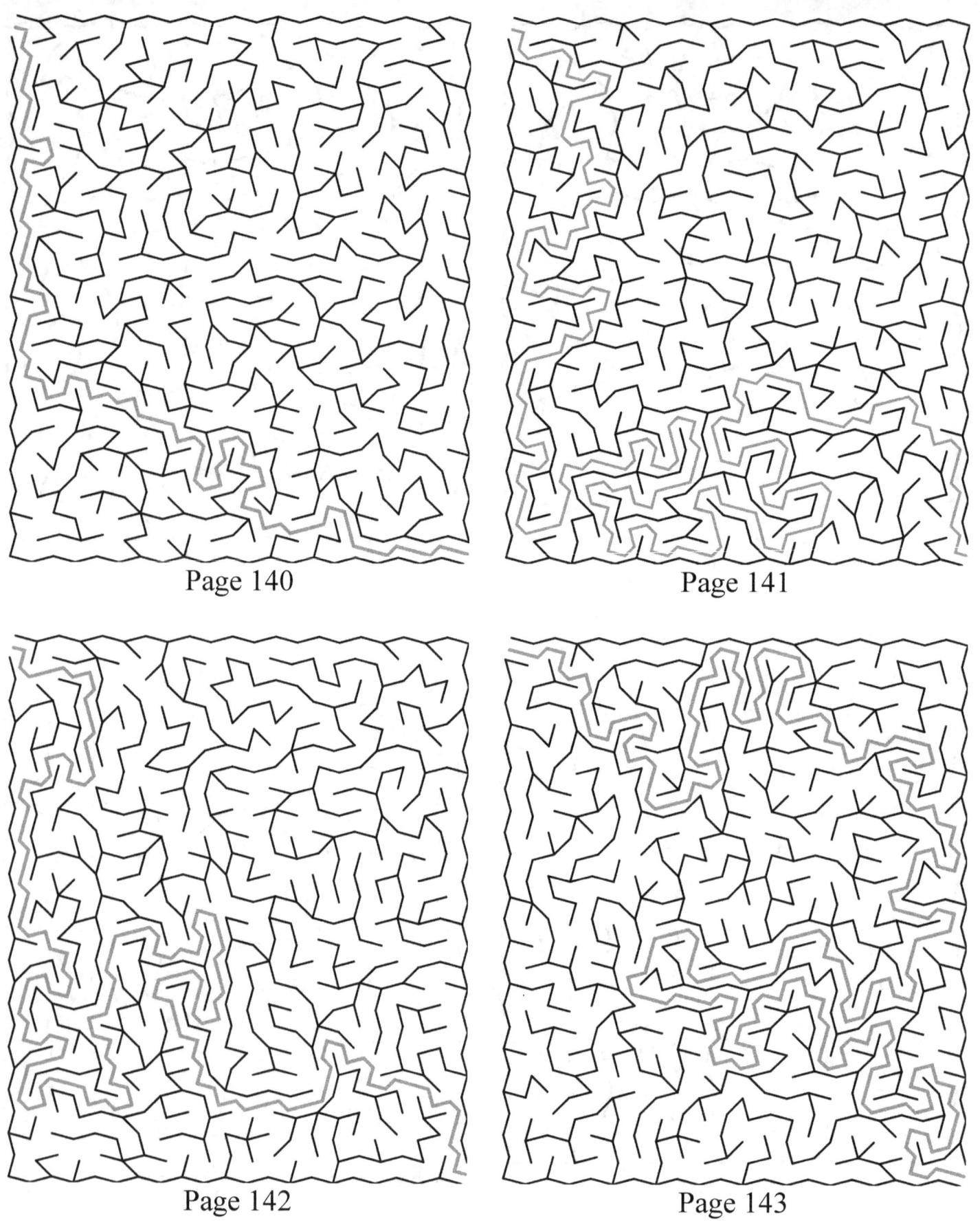

Page 140

Page 141

Page 142

Page 143

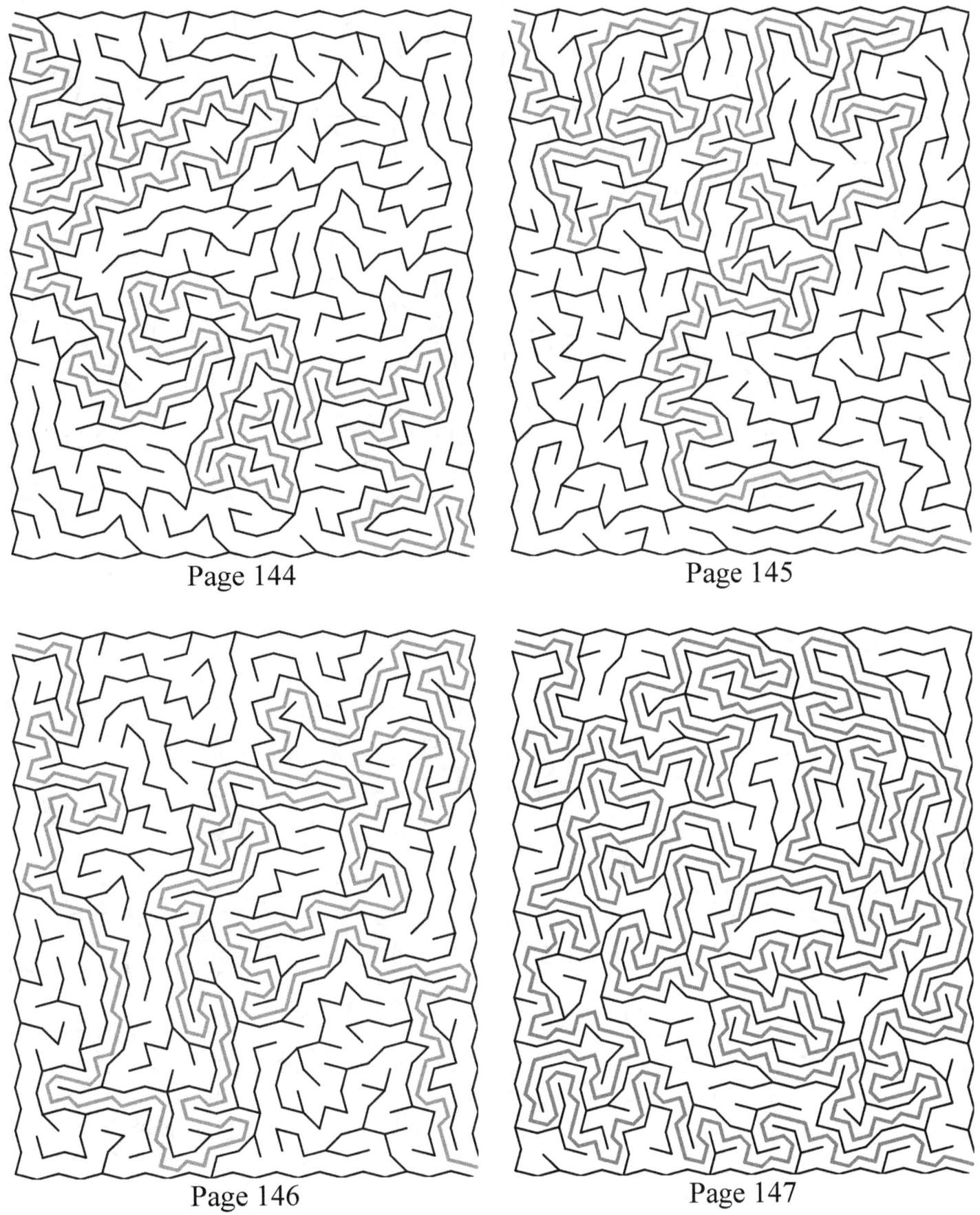

Page 144 Page 145

Page 146 Page 147

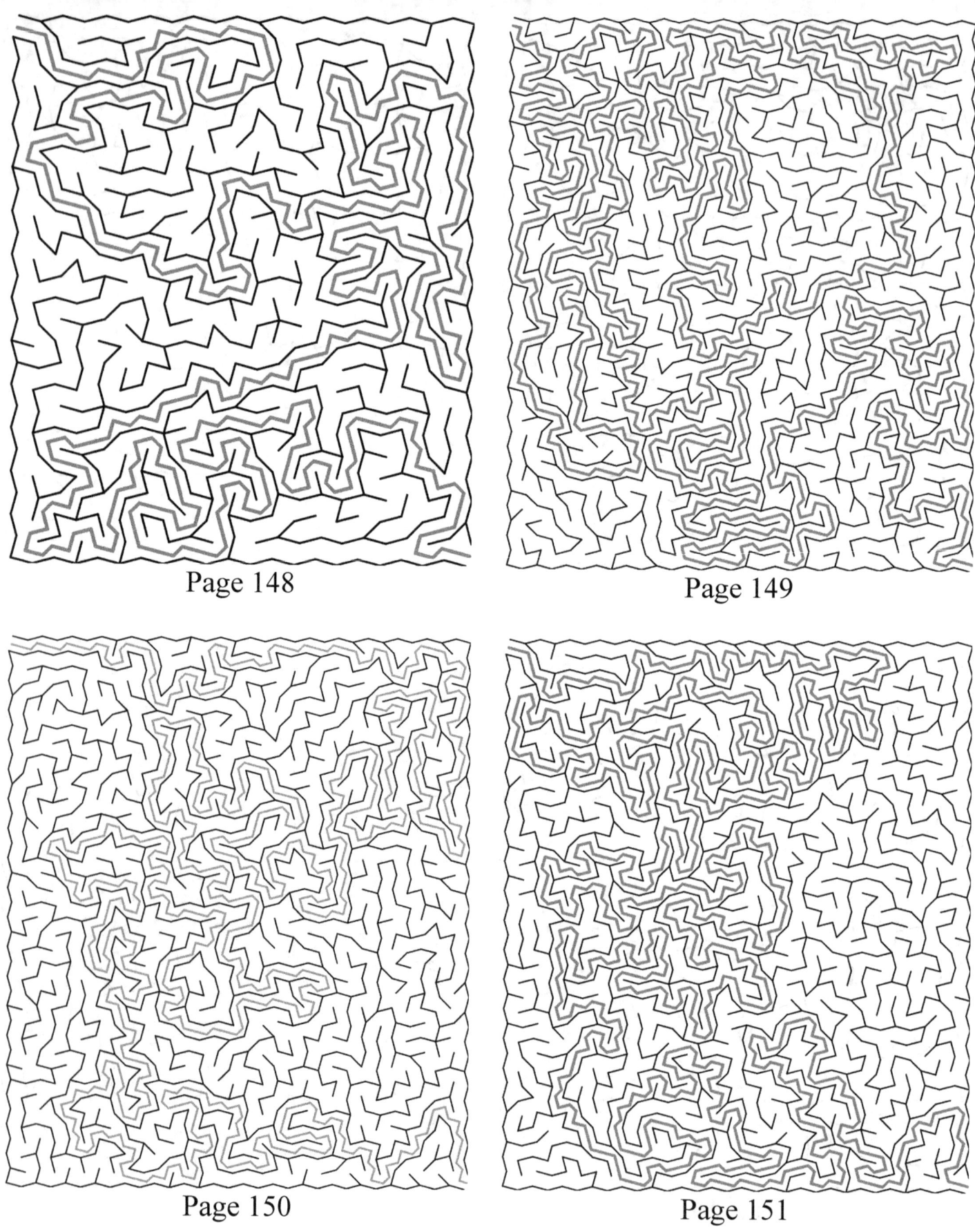

Page 148 Page 149

Page 150 Page 151

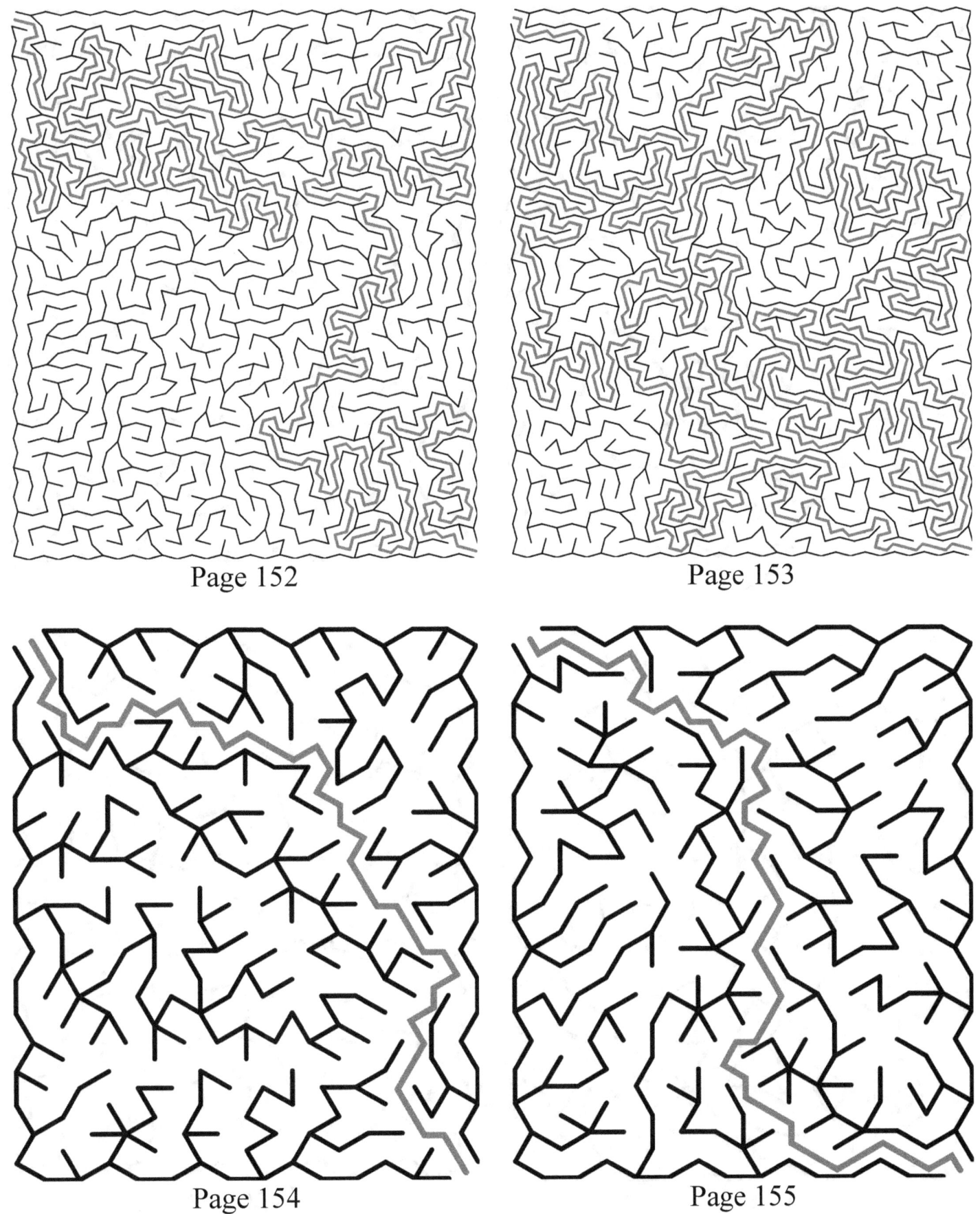

Page 152

Page 153

Page 154

Page 155

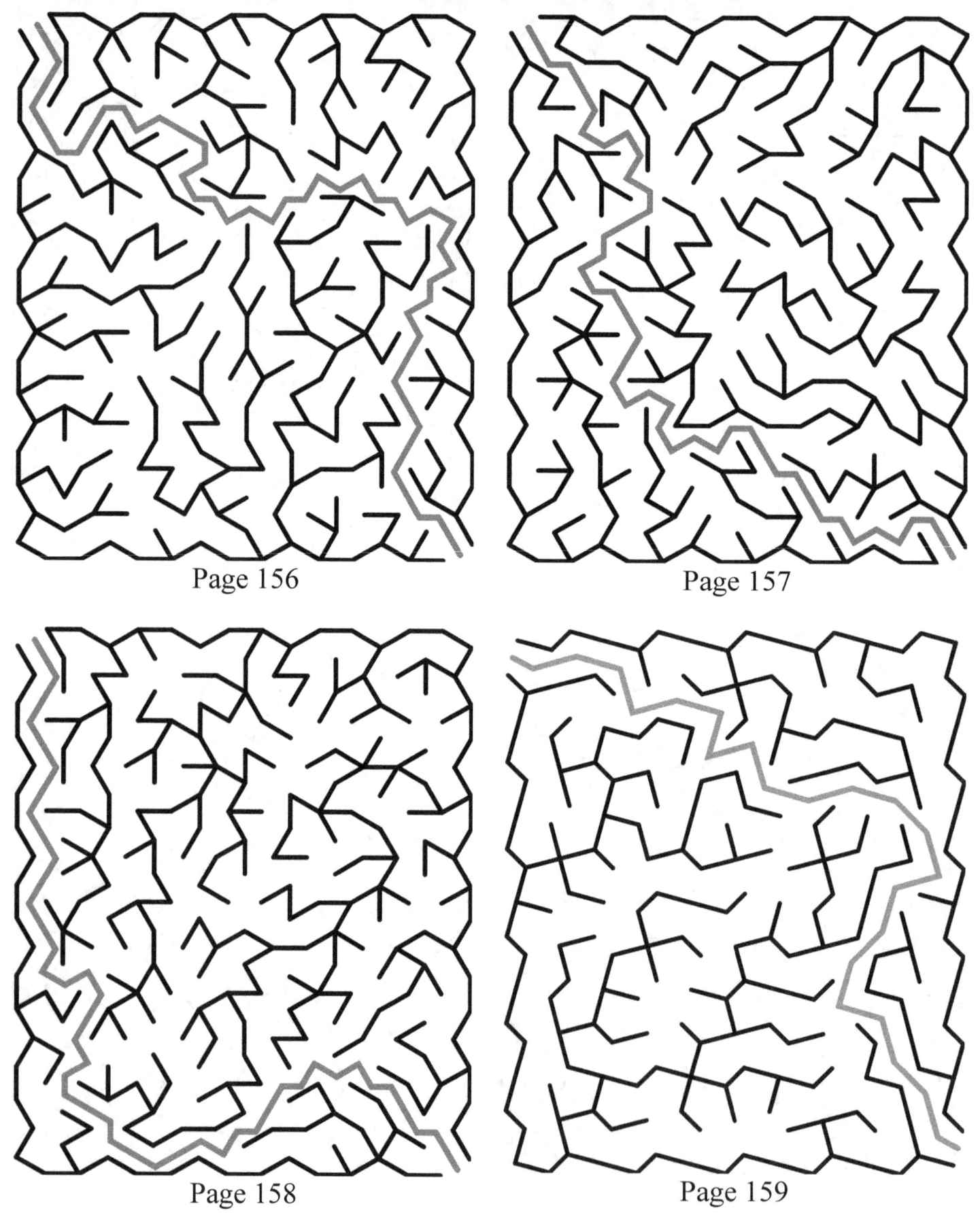

Page 156

Page 157

Page 158

Page 159

Page 160
Page 161
Page 162
Page 163

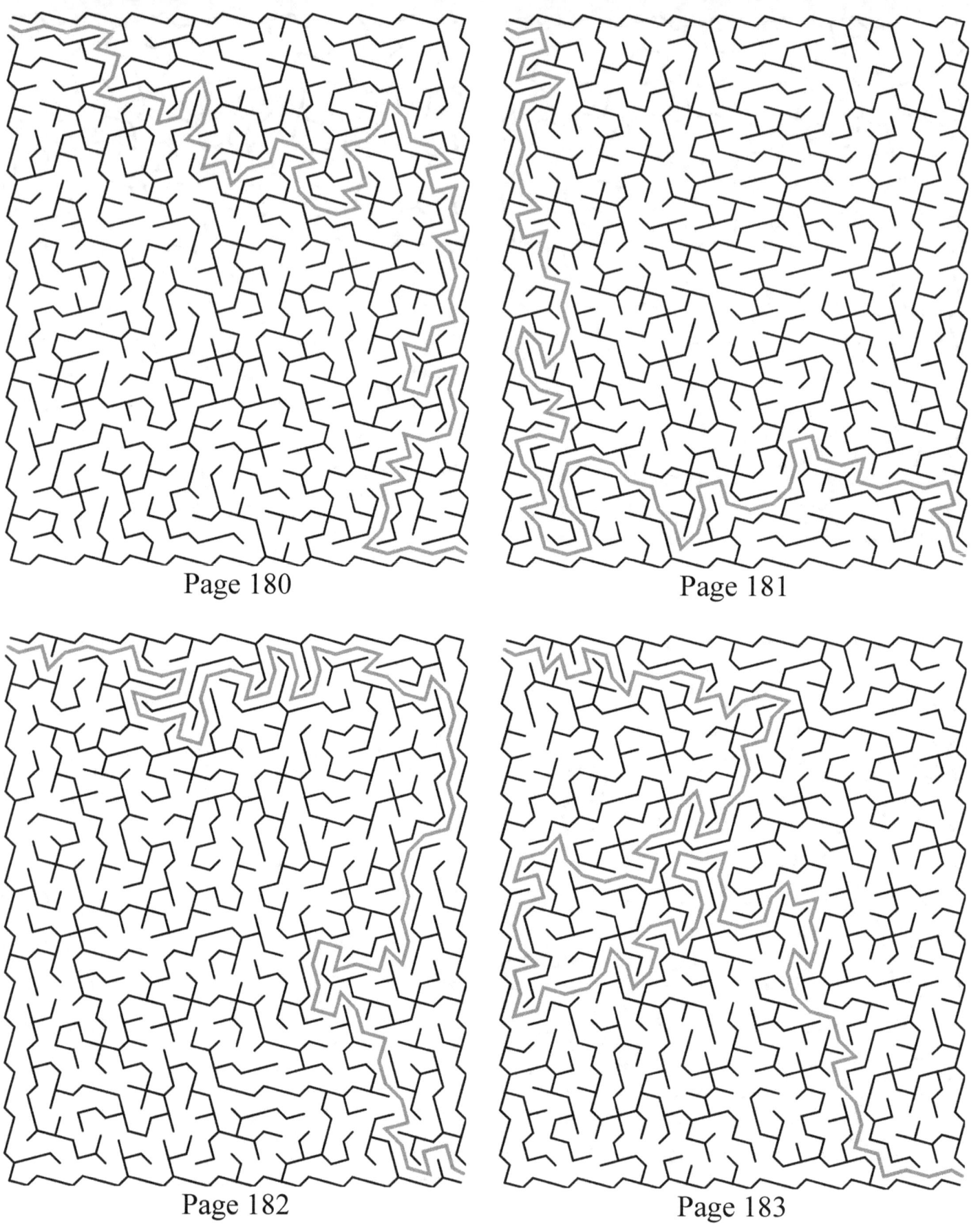

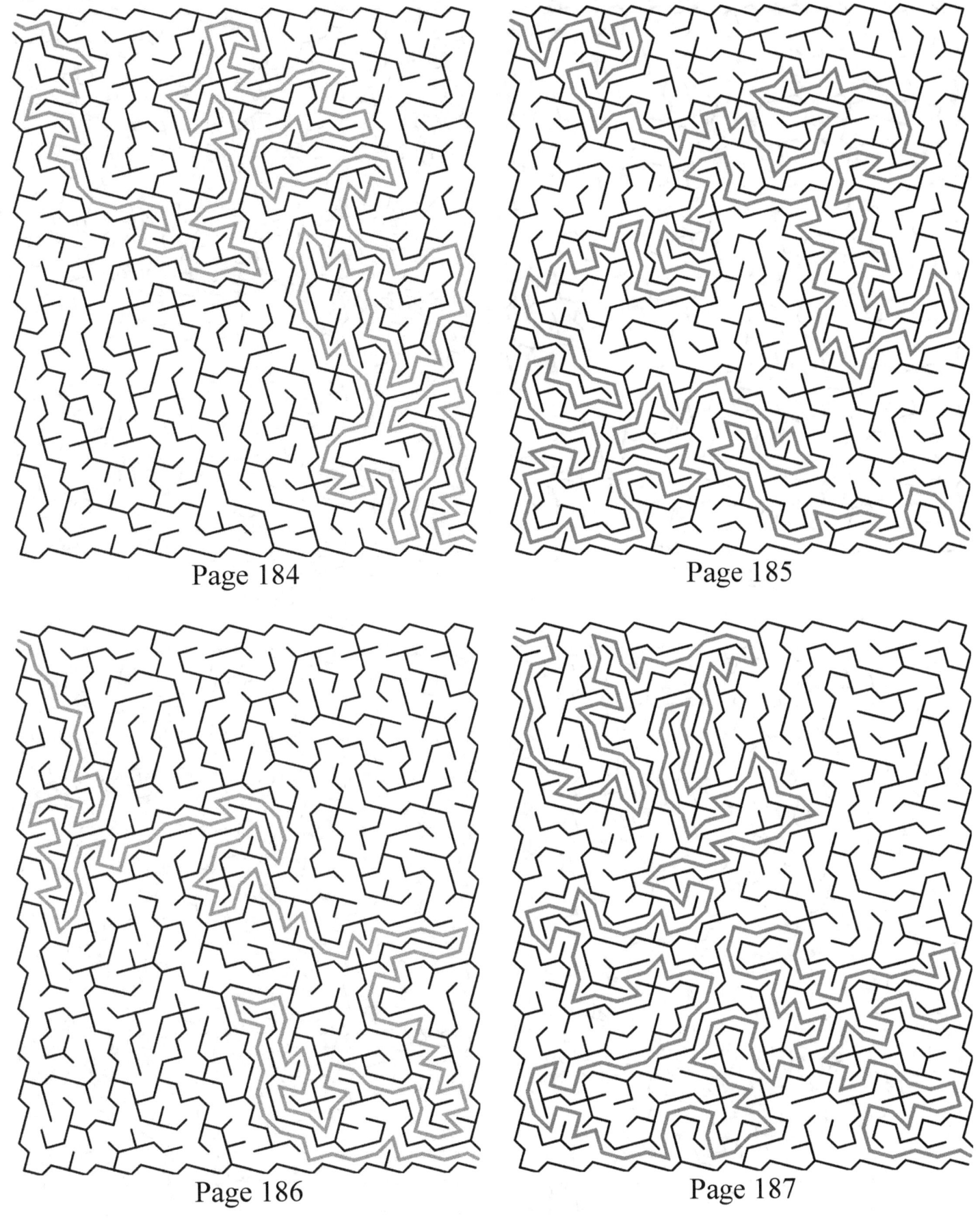

¡Laberintos a Montones!

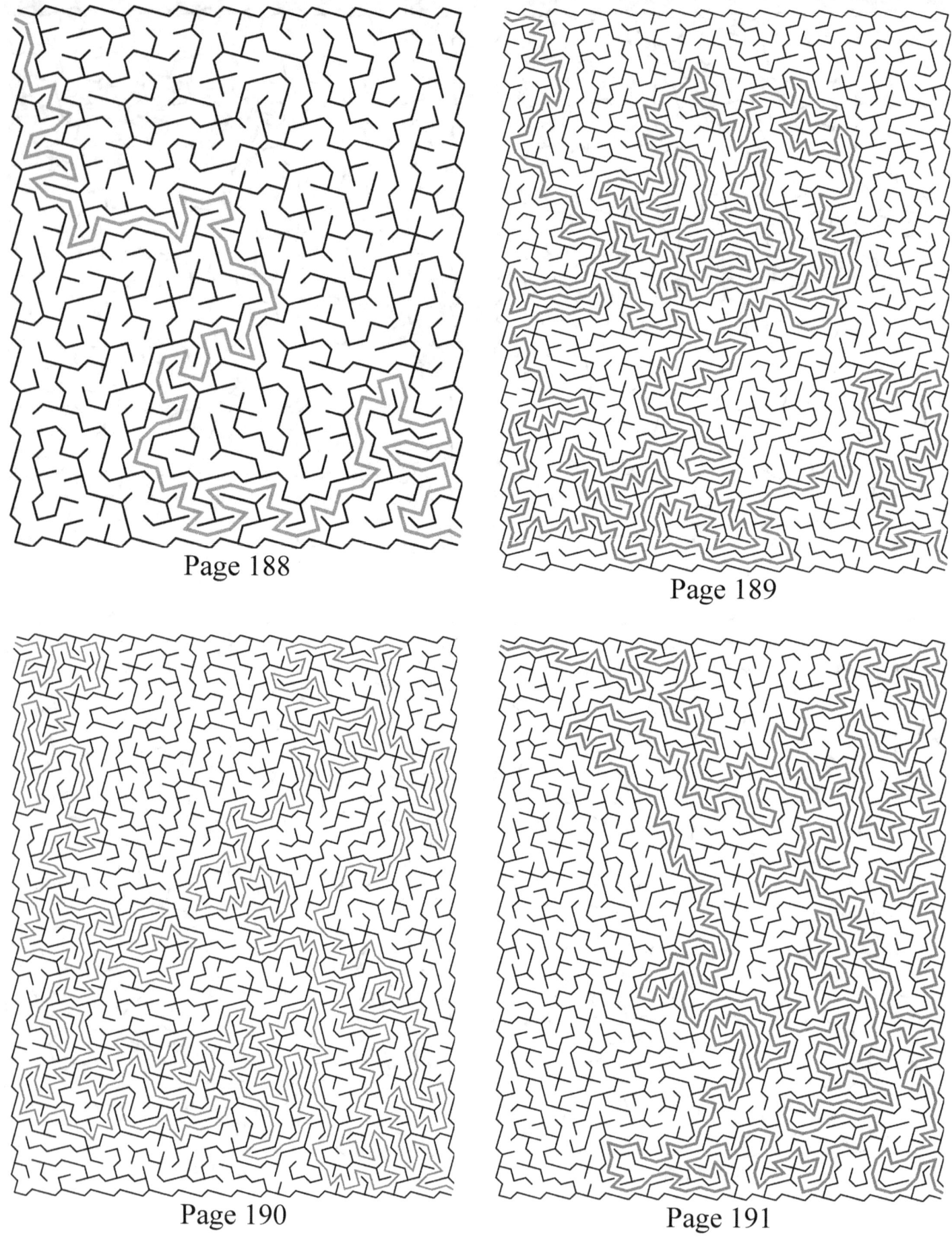

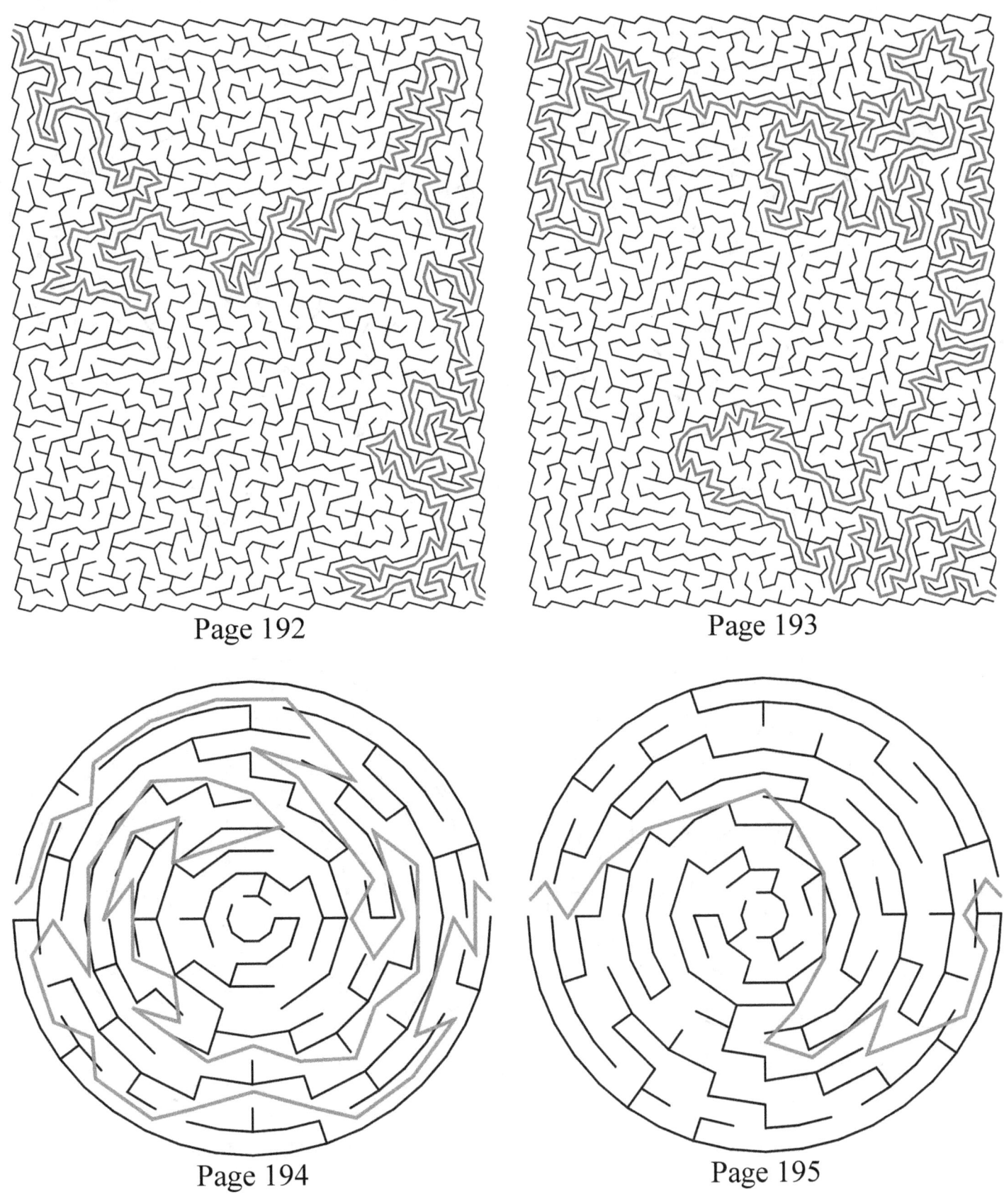

Page 192

Page 193

Page 194

Page 195

¡Laberintos a Montones! Copyright 2025 Life is a Story Problem LLC.

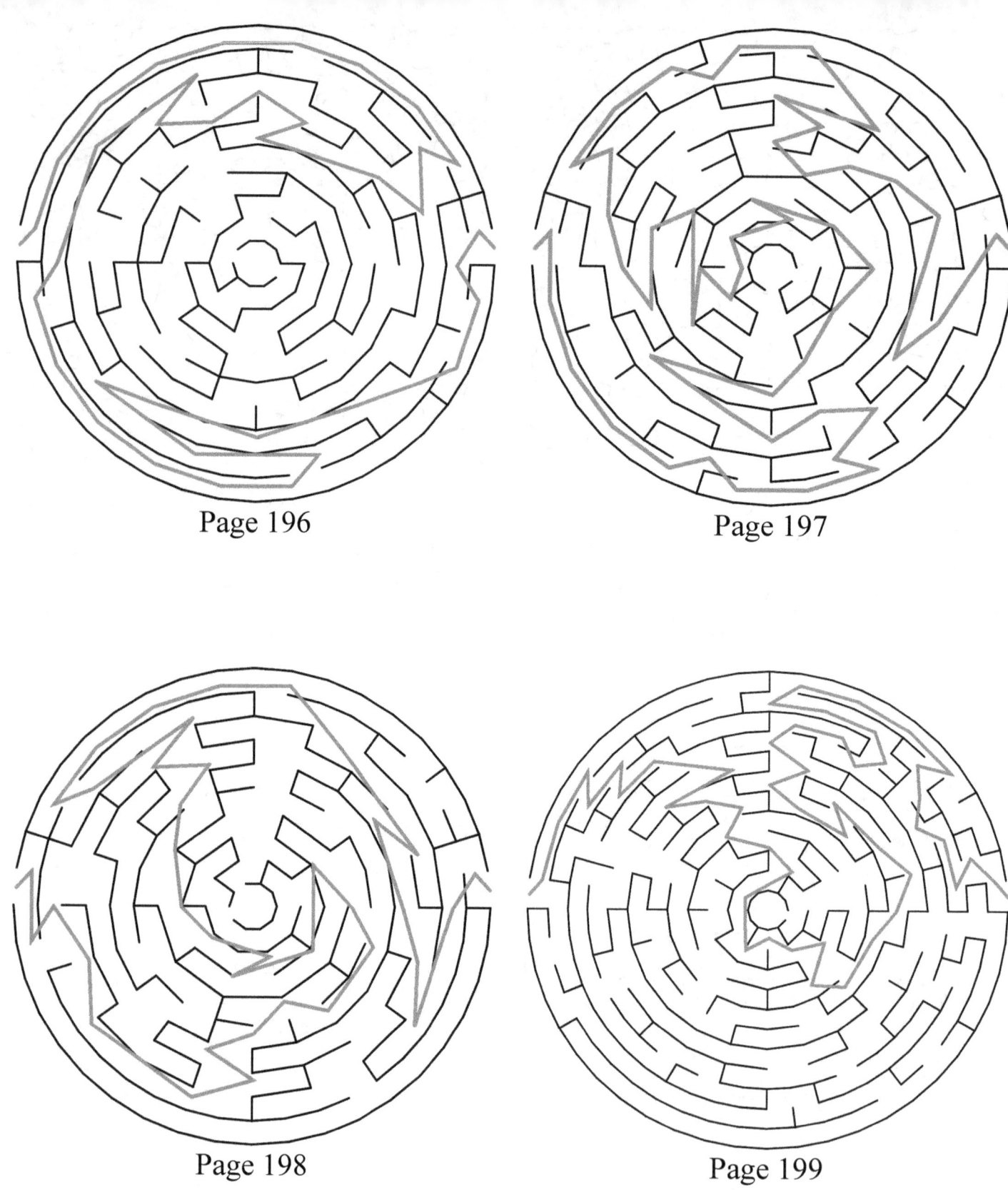

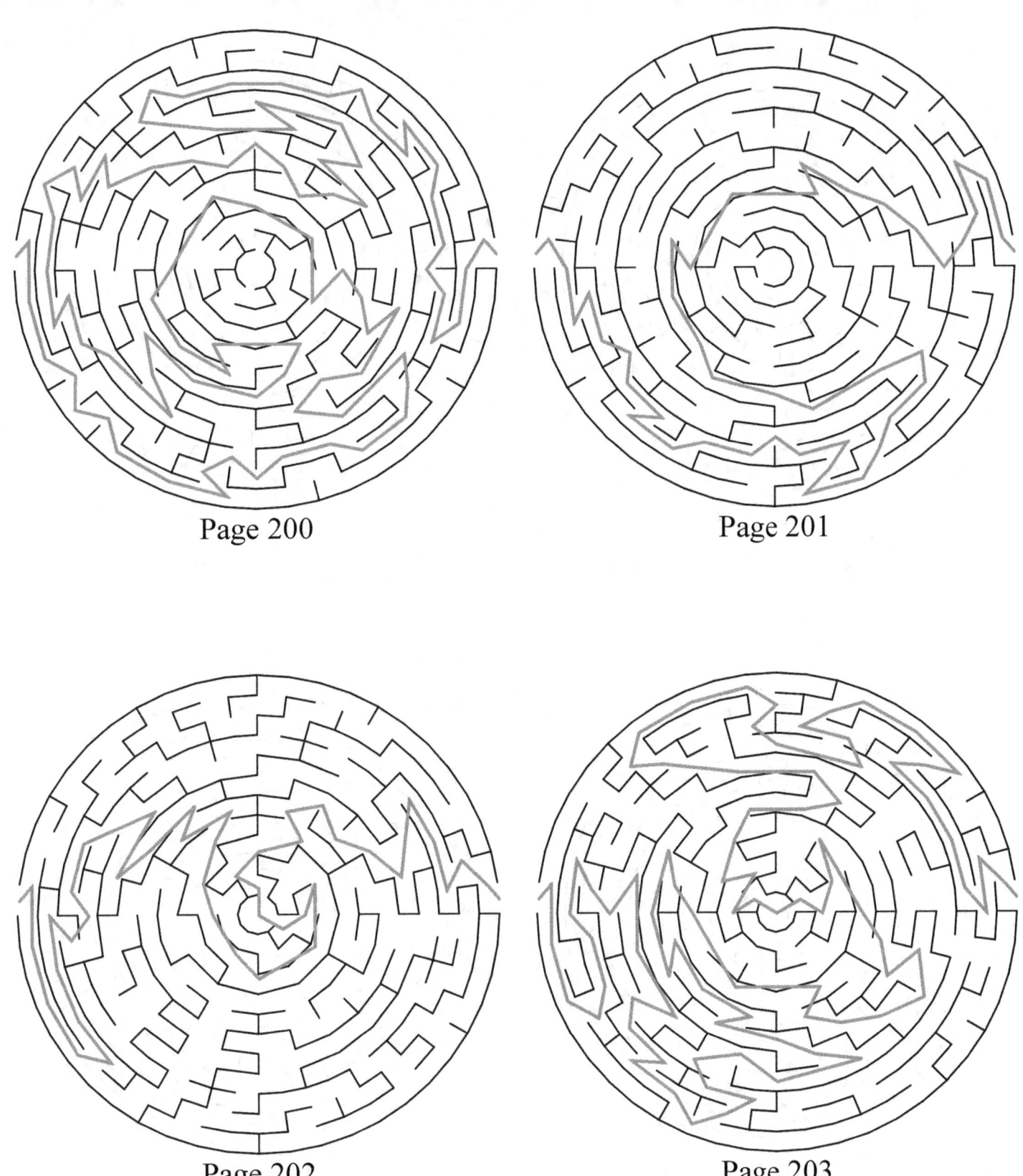

Page 200

Page 201

Page 202

Page 203

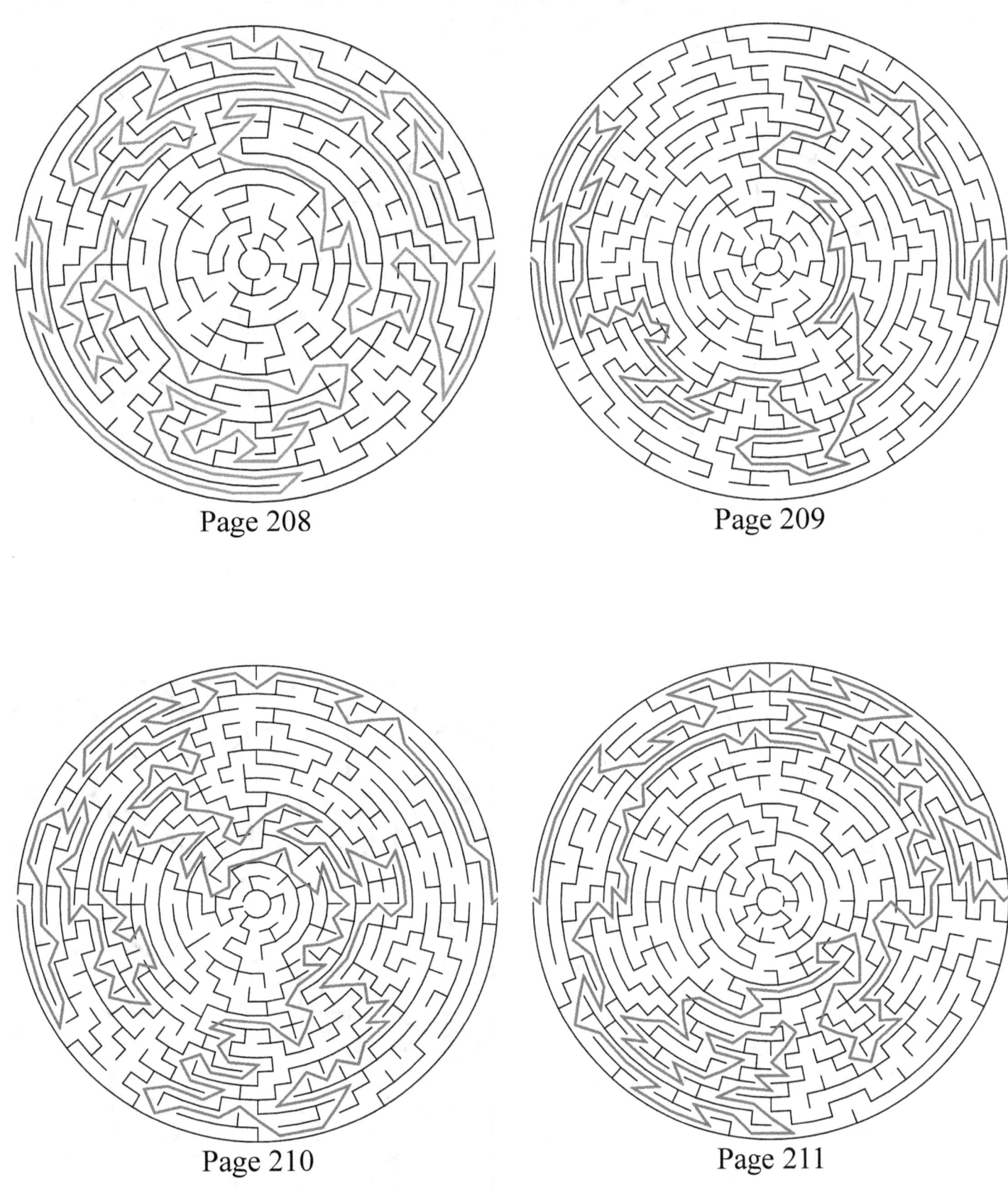

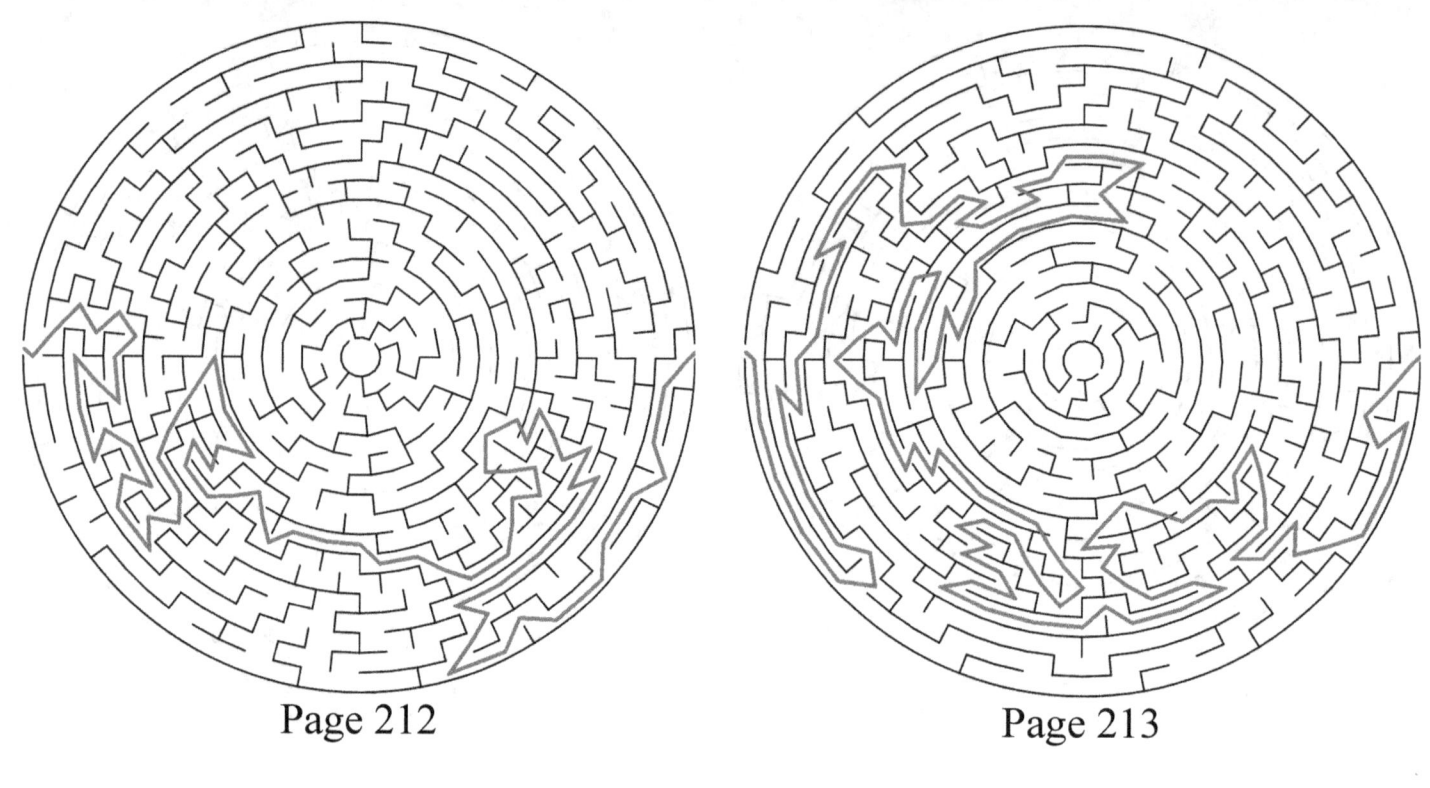

Page 212

Page 213

Page 214

Page 215

Page 220

Page 221

Page 222

Page 223

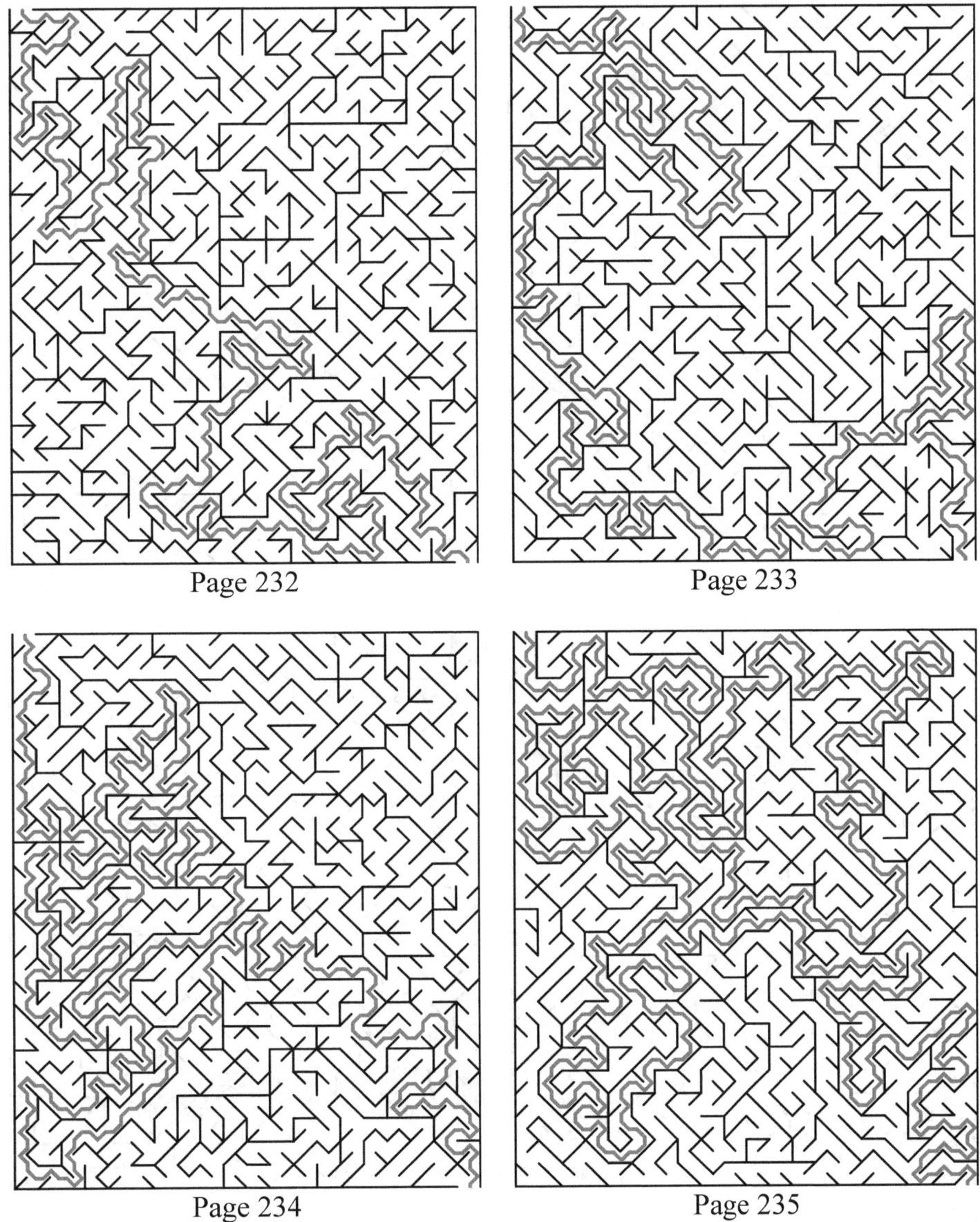

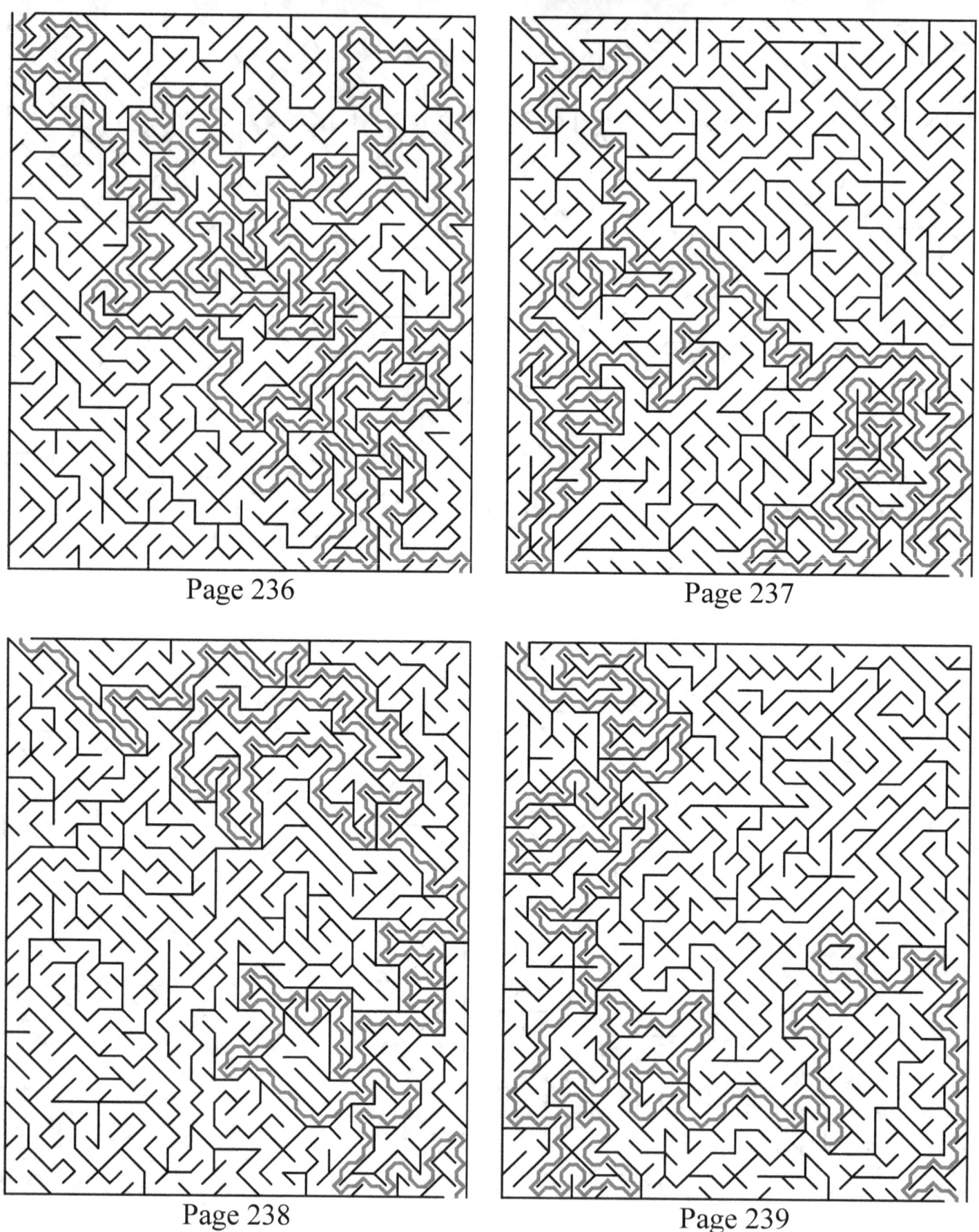

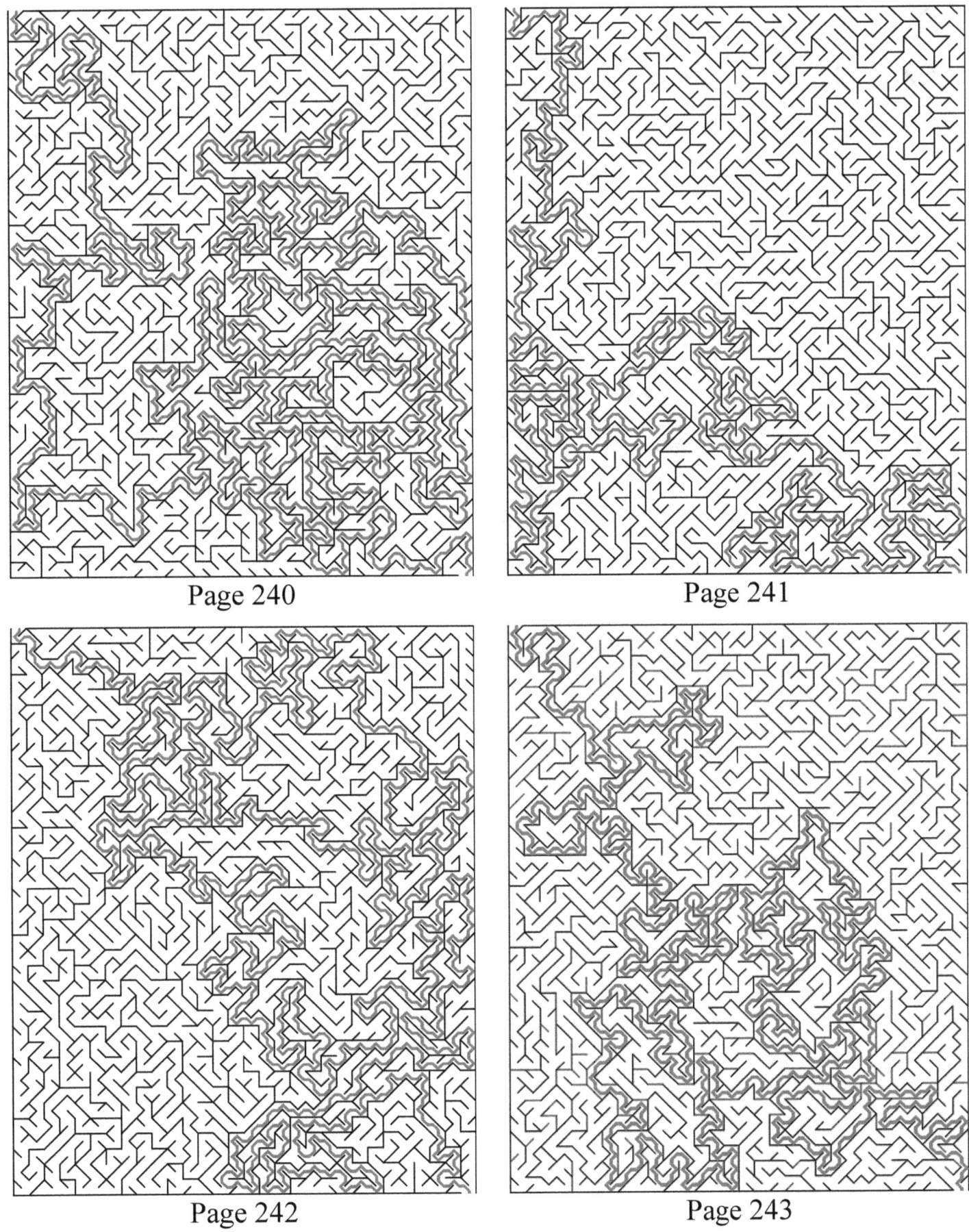

Page 240

Page 241

Page 242

Page 243

¡Laberintos a Montones!

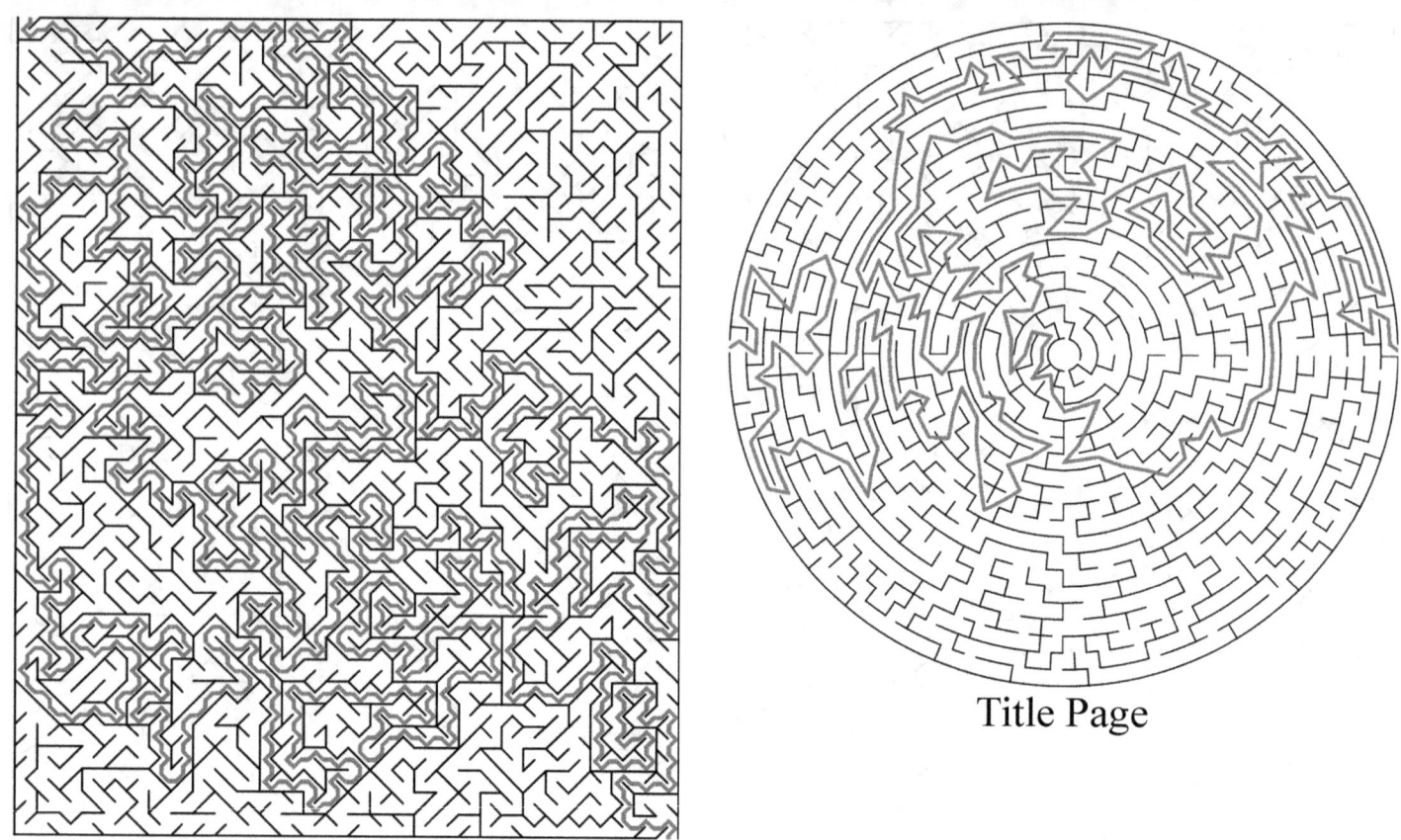

www.ingramcontent.com/pod-product-compliance
Lightning Source LLC
Chambersburg PA
CBHW081505070526
44586CB00019B/2485